大赏京郊！ 好玩京郊！

BEIJING OUTING HOW

速度 游

北京郊游攻略

《全球攻略》编写组 编著

中国旅游出版社

CONTENTS 目录

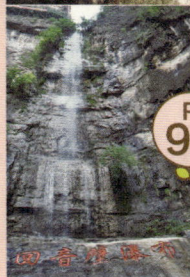

丰台区 P80

昌平区 P98

通州区 P90

密云县 P154

速度看京郊!

BEIJING OUTING HOW

1 北京郊游印象

♥ 概况

北京自古就是兵家必争之地，有"北枕居庸，南俯中原，西峙太行，东连山海关"之说，它有着3000多年的建城史和800多年的建都史，是中国四大古都之一。自宋代开始中国各朝代都选择在北京建都，使得北京城内外荟萃了众多名胜古迹和人文景观，而郊区还有大量溶洞、沙漠和草原等迷人的自然风光，它们的无穷魅力也吸引了众多游客专程来观光游玩。

♥ 地理

北京地势西高东低，其中西部和北部为山地，东南部是大片平原，主要地形有平原、丘陵、山地和山间盆地等，全市面积16808平方千米，其中山地面积10418平方千米。北京水资源匮乏，永定河、潮白河、拒马河、北运河等河流是北京的主要水系，在延庆、昌平、密云、怀柔等远郊区县还建有官厅水库、十三陵水库、密云水库、怀柔水库等水利设施。

♥ 气候

北京属于典型暖温带半湿润大陆性季风气候，四季分明，夏季炎热多雨，冬季寒冷干燥且多风。春季和秋季气候宜人，是一年中最适合外出郊游观光的季节。

♥ 区划

北京市下辖东城区、西城区、朝阳区、海淀区、丰台区、石景山区6个城区和门头沟区、房山区、大兴区、通州区、怀柔区、顺义区、平谷区和昌平区8个远郊区和密云县、延庆县2个县。

♥ 人口

北京共有常住人口2018.6万人（2011年）

2 北京郊区交通

♥ 公共汽车

北京市郊的公共汽车多为1元起价，根据路程远近以0.5~1元为单位加收票价，游客可办理公交一卡通刷卡乘车，优惠幅度较大，而且使用方便。开往远郊区县的公共汽车多为八方达公司运营的线路，其中个别线路的车辆分为高速和辅路运营，之间停靠站不同，游客乘坐前需要看清。

♥ 自驾车

在北京自驾游，需要事先对目的地行驶路线和交通特点有一定了解，并在出发前对车辆状况进行细致认真的检查和保养，尤其要注意刹车、转向、灯光和轮胎等几项的检查，以防发生意外。

北京郊区景点交通大多比较方便，有直达的公路，但郊区行车多为山路，自驾游的游客一定要注意在拐弯路段或视野不好的盲区保持靠右侧行驶，并在转弯时提前鸣笛打灯，在陌生路段需要减速慢行，千万不要超速，以防发生不测。

B 速度去京郊!

BEIJING OUTING HOW

1 最热门的京郊自驾车路线

❤ 101国道

在北京市境内全长123千米的101国道，又称京承路，是北京通往河北承德及辽宁省的主要公路，去往司马台长城、古北口、黑龙潭等景点可走101国道。

❤ 108国道

在北京市境内全长139千米的108国道又被称为京源路，是北京通往河北涞源和陕西省的一条主要公路，去往潭柘寺、戒台寺和房山的石花洞、银狐洞等景点可走108国道。

❤ 109国道

在北京市境内全长119.2千米的109国道又称京兰路，是北京通往河北、山西、甘肃的主要公路，去往妙峰山、灵山、百花山等景点可走109国道。

❤ 110国道

在北京市境内全长98.5千米的110国道又被称为京张路，是北京通往张家口、宣化、山西和内蒙古的一条主要公路，同时也是重要的晋煤外运公路，去往十三陵、八达岭、龙庆峡、松山和野鸭湖等景点可走110国道。

❤ 111国道

全长120.5千米的111国道又被称为怀丰路，是北京开往河北丰宁及内蒙古赤峰的主要公路，去往慕田峪长城、红螺寺、雁栖湖、青龙峡和云蒙山等景点可走111国道。

❤ G6高速公路

G6高速公路是北京通往张家口、山西、内蒙古，终点为拉萨市的高速公路，其中北京段自马甸桥至延庆县康庄，全长70千米，又被称为八达岭高速公路。去往八达岭长城、十三陵、居庸关和康西草原等景点可走G6高速公路。

2 京郊注意事项

北京各远郊区县多为山区，夜晚气温较低，游人在京郊各地游玩的时候，需要注意夜晚做好保暖措施，同时尽量不要在冬季等气温过低的时候在野外露营；不要前往非开放的荒山和野外景点探险，防止发生失踪迷路等意外。在郊区农家乐等住宿用餐的时候要事先谈好价格，不要去过于偏僻的地方住宿和用餐。

在各景点购买门票时，应选择正规门票销售点，不要雇用非景点专职讲解员陪同。如果是自驾游，应将车停在正规的停车场或指定停放地点，不要随意停放在路边。下车时不要将贵重物品留在车中，以免丢失。

📞 常用电话

北京市旅游服务热线：12301
北京旅游咨询电话：010-65130828/12301
首都机场自动查询电话：010-64541100
铁路信息查询热线：12306
北京国际SOS救援中心诊所：010-64629112

C 速度买京郊!

BEIJING OUTING HOW

特色伴手好礼带回家

1 柴鸡蛋

京郊农村的柴鸡蛋都是农家散养土鸡所下,这些鸡所吃的食物不含添加剂,下的鸡蛋与普通饲养场的鸡蛋相比虽然个头较小，但普遍口感更好。

2 核桃

京郊很多区县特产核桃，核桃素有长寿果之称，除了直接吃外，北京很多糕点和菜肴也加入核桃，不但营养丰富，还有很高的药用价值。

3 京白梨

京白梨是北京有名的特产之一，除了有口感好、香、甜、脆的特点外，同时还具有润燥、清热、化痰以及解酒的药用功效，深受广大消费者喜爱。

4 红果

酸甜适中，味美可口的红果又被称为山楂或山里红，营养丰富的红果可以做成山楂糕、山楂片、冰糖葫芦等北京常见的小吃。

5 栗子

说到北京的栗子，大部分人首先想到的就是著名的"糖炒栗子"，除此之外栗子还可以做成栗子糕，或是直接拿来炒菜。比较著名的栗子品种是板栗，一般在10月中旬左右成熟。

6 虹鳟鱼

虹鳟鱼体侧带有一条如同彩虹的红色带，所以又叫虹鳟，在北京怀柔等地的旅游景点不可错过的就是吃虹鳟鱼，不论红烧、垮炖、烧烤还是生吃都非常美味。

7 香椿

香椿别名又叫香椿芽，是香椿树的嫩芽。作为北京人爱吃的一种时令蔬菜，香椿不但香味浓郁，而且健脾开胃。同时含有丰富的维生素C以及胡萝卜素。

8 金丝小枣

枣的品种有很多，北京的金丝小枣尤其受人们喜爱。正宗的金丝小枣能够看到果胶质和糖组成的金丝粘连于果肉之间，在阳光下闪闪发光，故而得名。

9 平谷大桃

北京平谷区特产的桃子个大、水多、色艳、甜度高，被誉为平谷仙桃。平谷大桃最大单果重达1千克，最大一个桃卖到过1088元。

10 大磨盘柿

北京郊区盛产柿子，其中大磨盘柿是北京特产，它不仅个大味美，而且营养丰富，具有降血压、止血、润肠等功效。

D 速度 游 京郊!

2天1夜 自驾车 计划书A

DAY 1

清晨 到达北京

2天1夜 卢沟桥—宛平城—中国人民抗日战争纪念馆—大葆台汉墓—十渡风景区

建于宋代大定年间的卢沟桥是北京地区第一名桥,早在宋代,卢沟晓月就已经位列"燕京八景"之一。除了造型优美的石桥外,桥身281根望柱上造型各异的石狮子也是卢沟桥最负盛名的景观。建于明崇祯年间的宛平城毗邻卢沟桥,1937年震惊中外的"七七事变"就发生在宛平城下,宛平城是华北地区唯一保存完好的两开门卫城。中国人民抗日战争纪念馆以抗日战争为主题,馆内通过各种文物、照片、资料和声光效果向游人展示了中国人民抗日战争的艰苦过程。大葆台汉墓是西汉燕王刘建的陵墓,这座别具一格的汉代诸侯王陵由梓宫、便房、黄肠题凑等组成,游人可在这里欣赏各种出土的珍贵文物。十渡风景区是中国北方唯一的喀斯特溶岩地貌风景区,素以风景奇险著称。

DAY 2

2天1夜 周口店遗址—云居寺—潭柘寺—戒台寺—爨底下村

地处房山的周口店遗址是北京人和山顶洞人生活的旧石器时代遗址,游人可以在这里通过各种北京人和山顶洞人的骨骼化石和石器来体验古人类的生活场景。建于隋末唐初的云居寺迄今已有千余年历史,寺院内最珍贵的就是其雕刻了千年的石板佛经,现今已镌刻有1122部共3572卷佛经。建于西晋年间的潭柘寺迄今已有1700多年历史,在北京素有"先有潭柘寺,后有北京城"的说法。同样有1300余年历史的戒台寺建于唐代武德年间,寺院周围环境清幽,苍松翠柏环绕,形成特有的"戒台松涛"景观。爨底下村成村于明代,村内建筑完好地保存了明清时期的建筑风格,各种不同时代的古迹院落令人有时空交错的感觉,是第一批被评为国家级"历史文化名村"的古村。

速度游 京郊!
BEIJING OUTING HOW

2 2天1夜 自驾车 计划书 B

DAY 1

💛 清晨 到达北京

2天1夜 十三陵明皇蜡像宫—明十三陵—银山塔林—居庸关—八达岭长城—岔道城—八达岭水关长城

明皇蜡像宫内共有300多个栩栩如生的明代人物形象，并根据26个著名的明代历史事件设置了逼真的场景供游人参观。明十三陵由明代13位帝王的陵墓组成，这些气势恢弘的皇陵周边风景优美，游人还可进入定陵地宫一探究竟，了解古代皇陵内部的构造。银山塔林曾经是明清时期"燕平八景"之一，景区内造型典雅的古塔风格多样，与周围苍翠林木一同组成这处中国建筑的经典之作。居庸关长城地势险要，在明清两代曾经是拱卫京师的重要关隘，其完备的军事防御体系素有"一夫当关，万夫莫开"的美誉。巍峨险峻的八达岭长城是万里长城中最精华的一段，其关城建于明代弘治年间，在关城东西两门上有"居庸外镇"和"北门锁钥"的大字，堪称长城最负盛名的部分之一。岔道城的前身是明代长城卫戍部队指挥部，现今这处依照山势修建的要塞依旧坚固，堪称明朝防御性建筑的典范。八达岭水关长城的前身是八达岭长城的东段，因修建京张铁路而形成现今的部分，相传是明代戚继光主持修建，素以奇、险、陡、坚而闻名。

DAY 2

2天1夜 龙庆峡—康西草原—榆林堡—野鸭湖—妫河漂流

龙庆峡风光秀丽，素有"塞外小漓江"的美誉，两侧高山峭壁林木茂密，风光无限，是京郊著名的观光胜地。地处延庆的康西草原是距离北京市区最近的草原，广袤的大草原上不仅可以纵马飞驰，还有各种娱乐项目，而周边的风景也如画般迷人。榆林堡旧时曾经是古代的驿站，相传慈禧太后和光绪皇帝在出逃的时候也曾经在这里住宿，是古延庆八景之一"榆林夕照"所在。野鸭湖是一处人工湿地，同时也是北京唯一的湿地鸟类自然保护区，游人可以在这里观赏各种鸟类，了解湿地生态圈。素有"东方莱茵河"之称的妫（guī）河绵延百余里，自古就是延庆的母亲河，乘船顺流而下欣赏沿岸风景，是最具人气的休闲观光项目。

BEIJING OUTING HOW 速度 游 京郊! ❸

1日来回 自驾车 计划书A

清晨 到达北京

1 日来回 通州运河公园—古运河码头—燃灯塔—大运河水梦园—宋庄画家村

　　自古通州就是京杭大运河漕运终点，通州运河公园依托京杭大运河而建，是北京东部最大的城市公园。通州运河被称为北运河，其码头是南北物资的中继站，现今这里最醒目的标志是一尊4米高的锚形铜质雕塑。西海子公园内的燃灯塔建于南北朝时期，自古以来就是"通州八景"之一，高56米的塔身内外遍布精美的图案和造型不一的上百尊佛像。大运河水梦园毗邻京杭大运河的古河道，游人可以在这里乘船游览，缅怀大运河千年历史。宋庄近年来聚集了众多画家居住，充满艺术气息，形成了宽容和多样化的艺术环境。

D

BEIJING OUTING HOW

速度 游 京郊! ④

1日来回
自驾车
计划书 B

DAY 1

💙 **清晨**
到达北京

1日来回 顺义奥林匹克水上公园—焦庄户地道战遗址—京东大芦荡风景区—乔波室内滑雪场

为2008年北京奥运会而建的顺义奥林匹克水上公园是北京奥运会面积最大的一座场馆，在奥运比赛期间这里进行了赛艇专项以及皮划艇等项目，奥运结束后则是一处以水为主题的大型体育公园。焦庄户地道战遗址可以让游人进入地道参观，了解当地人民抗日战争中的集体智慧。京东大芦荡风景区是北京地区面积最大的芦苇生长区，每年秋季这里都是芦花飘荡，各种水鸟竞相嬉戏，素有"京郊小白洋淀"的美誉。乔波室内滑雪场是我国第一家以室内滑雪为主题，同时集娱乐、会议、拓展培训和滑雪运动学校为一体的体育休闲主题场所。

速度 游 京郊！

BEIJING OUTING HOW

⑤ 1日来回 公交出游 计划书A

DAY 1

清晨 到达北京

1日来回 圆明园遗址公园—颐和园—鹫峰国家森林公园—大觉寺—龙泉寺（自由组合）

圆明园曾经是中国历史上最负盛名的皇家园林，素有"万园之园"的美誉，被英法联军焚毁和劫掠后，现今只遗留残垣断壁，充满历史的沧桑感。汇集中国南北造园艺术精华的颐和园是我国最著名的四大名园之一，是中国现存最完好的一座皇家园林。群山环抱的鹫峰国家森林公园林木繁茂，山上建有各个朝代修建的寺庙和山庄等建筑，是郊游踏青的绝佳场所。以清泉、古树、玉兰而闻名的大觉寺环境幽静，始建于辽代，不仅历史悠久，而且寺内还有上百株古树，被列为北京三大花卉寺庙。龙泉寺始建于辽代，寺中拥有千年以上树龄的古柏，香火旺盛，是名动京西的名刹。

BEIJING OUTING HOW
速度 **游** 京郊！

京郊推荐

1日来回
公交出游
计划书 B

DAY 1

清晨
到达北京

1日来回 团城演武场—北京植物园—香山—八大处—法海寺—田义墓（自由组合）

团城演武场建于清乾隆年间，是北京仅存的集城池、殿宇、亭台、校场为一体的武备建筑群。北京植物园由11个专类园组成，园内有牡丹、月季、丁香、芍药、木兰等共计5000余种56万株各色植物，可观赏大江南北的珍稀植物。地处西郊的香山公园是人文景观与自然景观兼备的园林，"燕京八景"之一的西山晴雪就位于这里，每年秋季的香山红叶更是一大胜景。八大处位于西山风景区南麓，因山上建有八座古寺而得名，自古就是北京郊区著名的踏青郊游好去处。法海寺建于明代正统年间，寺内的明代壁画色彩艳丽，是不可多得的艺术珍品。田义墓又称慈祥庵、石香炉庵，是现今全国保存最好、规格最高、石刻最精美的一座明代宦官墓葬，游人还可以进入其地宫参观。

北京郊游攻略 HOW

北京郊游攻略 海淀区

BEIJING OUTING HOW

地处北京西北部的海淀区拥有众多名胜古迹，其中颐和园是世界著名的皇家园林，此外海淀区山秀林密，自然风光迷人，是踏青郊游的好去处。

海淀区 特别看点!

第1名!
颐和园!

100分!

★ 四大名园之一,中国皇家园林的典范!

第2名!
北京植物园!

90分!

★ 多功能综合性植物园,可欣赏大江南北的珍稀植物!

第3名!
香山公园!

75分!

★ 享誉世界的香山红叶,登高踏青的好去处!

---

1 北京植物园 90分!

多功能综合性植物园

★★★★★ 赏

北京植物园位于玉泉山和香山公园之间,是一个集科普、科研、游览等功能于一体的综合性植物园。这里由11个专类园组成,种植着包括牡丹、月季、丁香、芍药、木兰等共计5000余种

✉ 北京市海淀区香山南路 乘 乘331、360、698路公共汽车可到,自驾由西五环北路转香山路按路标行驶
☎ 010-62591561 ¥ 5元

56万株各色植物。除了很多我国所特有的珍稀植物外，这里还有不少来自外国的稀有品种，以及存放各种植物标本的标本馆。来这里就能看遍大江南北的植物，堪称是一座植物博物馆。

❀ 卧佛寺

看栩栩如生的卧佛

卧佛寺也称十方普觉寺，是一座唐朝时期修建的寺庙。寺的正中央有卧佛殿，其中有一组大型的卧佛群像，反映了释迦牟尼圆寂前向弟子们嘱咐后事的情景。这组佛像做工精细，人物表情栩栩如生，堪称是我国古代造像艺术的经典之作。佛像群中央的卧佛铜像身长5.3米重54吨，是这里的镇寺之宝。

❀ 樱桃沟

山花烂漫的世外桃源

樱桃沟位于卧佛寺西北，早在明朝的时候这里遍地都是樱桃树，所以就有了樱桃沟的名字。如今这里的樱桃树虽然远不及当时那种盛况，却多了杏、桃、迎春、海棠、牡丹、芍药等花卉，每到花季更是山花烂漫，宛如世外桃源。因此这里也深受古时文人雅士们的青睐，他们在这里留下了许多人文遗迹。

✿ 曹雪芹故居纪念馆

曹雪芹的旧居

曹雪芹故居纪念馆位于北京植物园内，是曹雪芹晚年居住的地方。低矮的砖墙围绕着这个长方形院子，院子内部的陈设还保持着当年曹雪芹住在这里时的样子，200年来有关曹雪芹的东西都能在这里看到，包括《红楼梦》中所提到的很多民俗用具等，对研究当时的民风民俗有着极为重要的作用。

2 香山团城演武场

清朝训练士兵的城池

★★★★ 赏

✉北京市海淀区香山南路
🚌698路公共汽车在红旗村站下，自驾由西五环北路转香山路按路标行驶 ¥免票

团城演武场位于香山南麓，建于清乾隆年间。这里是北京仅存的集城池、殿宇、亭台、校场为一体的武备建筑群。如今团城依然保持着古风古韵，它的整体为环形城堡式建筑，其外有护城河围绕，南北开有城门，门洞上方均有乾隆亲笔所题的匾额。在这儿到处都能见到当年训练武备所留下的痕迹，是了解当时军事历史的最好去处之一。

3 香山公园 （75分！）

享誉世界的香山红叶

★★★★★ 赏

✉ 北京市海淀区香山公园 🚌 乘331、360、698路公共汽车在香山公园站下，自驾由西五环北路转香山路按路标行驶 ☎ 010-62591264 ¥ 10元

位于北京西郊的香山公园人文景观与自然景观兼备，这里有"燕京八景"之一"西山晴雪"，有集明清两代建筑风格的寺院"碧云寺"，有国内仅存的木质贴金"五百罗汉堂"，有迎接六世班禅的行宫"宗镜大昭之庙"，有颇具江南特色的古雅庭院"见心斋"……而香山红叶更是闻名世界的自然美景，引得中外游客争相前来，流连忘返。

4 颐和园 100分！

四大名园之一

★★★★★ 赏

　　颐和园是我国最著名的四大名园之一，它以昆明湖和万寿山为基础，集南北造园艺术的精髓于一身，营造出一座大型的自然山水园林，是我国皇家园林中保存最为完好的一座。园中除了万寿山和昆明湖这一山一水外，还有长廊、石舫、十七孔桥、佛香阁等雄伟壮丽的建筑，身处在这充满帝王奢华之气的园林中，总让人有一种百看不厌的感觉。

✉ 北京市海淀区新建宫门路19号　🚇 乘地铁4号线在北宫门站下，自驾由北四环西路转颐和园路

📞 010-62881144　¥ 30元

5 圆明园遗址公园
我国近代历史的见证 ★★★★★ 赏

北京市海淀区圆明园遗址公园　乘地铁4号线在圆明园站下，自驾由北四环西路转中关村大街，走清华西路即达　010-62543673　10元

圆明园曾经是我国历史上最著名的皇家园林，这里吸收了世界各地造园艺术的精华，堪称是人类历史上园林的最高杰作，享有"万园之园"的美誉。后来圆明园先后被英法联军与八国联军焚烧和劫掠，最终毁于一旦，至今仅存少量建筑遗迹。站在圆明园的瓦砾之上，仰望只剩残垣断壁的大水法遗迹，一种历史的沧桑感油然而生，似乎还能听见当时圆明园在大火中哭泣。

6 鹫峰国家森林公园

四季如春的踏青胜地

★★★★ 赏

鹫峰国家森林公园是距离北京市区最近的森林公园，这里群山环抱，林木繁茂，四季风景各异，是郊游踏青的绝佳场所。其中鹫峰中心区位于公园的核心部位，有很多人文古迹和自然景观，包括中国自建的第一座地震台，辽、金、明、清四个朝代修建的寺庙和山庄，以及千年登山古道等28处景点。而生活在这里的800多种野生动物更是为这儿增添了不少自然野趣。

✉北京市海淀区秀峰寺路5号 乘 乘346路公共汽车在北安河站下，自驾走颐和园路至北宫门，沿引水渠至北安河往西即到 ☎010-62455816 ¥15元

7 阳台山自然风景区

京郊知名的佛教圣地

★★★★★ 赏

阳台山自然风景区是京郊最著名的日出观赏地，同时也是历史上著名的佛教圣地。早在辽宋时期，"西山八大水院"中的金水院、香水院和清水院都在阳台山一带，因此这里香火繁盛一时。其中尤其以金水院最为著名，这里现已改名为金山寺，以金山寺三绝而闻名，这三绝分别是白果树、金山泉和寺内的关帝像，是极受四方游客青睐的知名景点。

✉北京市海淀区北安河乡 乘 乘346路公共汽车在北安河北口站下，自驾从颐和园沿颐阳公路，到温泉镇后再行2千米即达 ☎010-62464550 ¥8元

8 大觉寺

三大花卉寺庙之一 ★★★★ 赏

📍 北京市海淀区苏家坨镇大觉寺路9号 🚌 乘346路公共汽车在北安河南口站下，自驾由颐和园路至北宫门，沿引水渠北行至温泉镇人民政府左转即达
📞 010-62458189 💰 10元

大觉寺始建于辽代，是一座拥有千年历史的古刹，素以清泉、古树、玉兰、环境幽静而闻名。而古寺兰香、千年银杏、老藤寄柏、鼠李寄柏、灵泉泉水、辽代古碑、松柏抱塔和碧韵清池更是有大觉寺八绝的美誉。此外，在大觉寺中还有古木160株，尤其有名的是玉兰花，它与法源寺的丁香花、崇效寺的牡丹花一起被列为北京三大寺庙花卉。

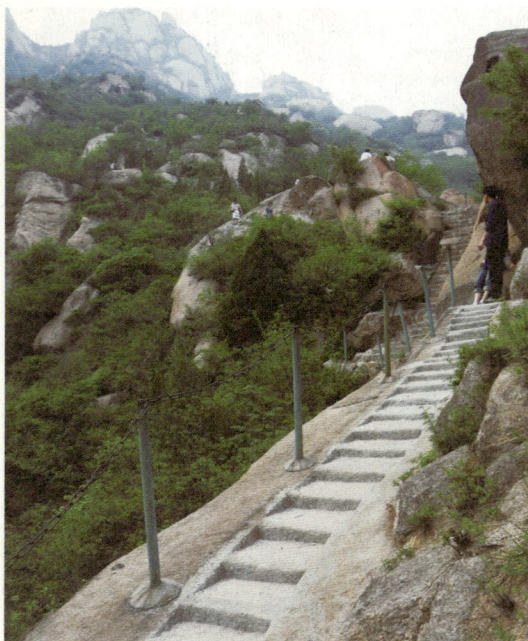

9 凤凰岭

京西小黄山

★★★★★ 赏

凤凰岭向来被人们称为北京的大自然空调，这里如今还是一块未被完全开发的地方，素有"京西小黄山"的称号。在这里也拥有奇峰、怪石、林海、山泉四大特色，群山林立，怪石嶙峋。在山间还有不少庄严神圣的古刹和幽深神秘的山洞，那飞流直下的瀑布和潺潺不绝的"神泉"更是为这里的山水增添了不少亮色。

✉北京市海淀区西北部西山农场境内 🚌乘346路公共汽车在凤凰岭下，自驾走颐和园路至北宫门，沿引水渠北行即到 ☎010-62455933 ￥25元

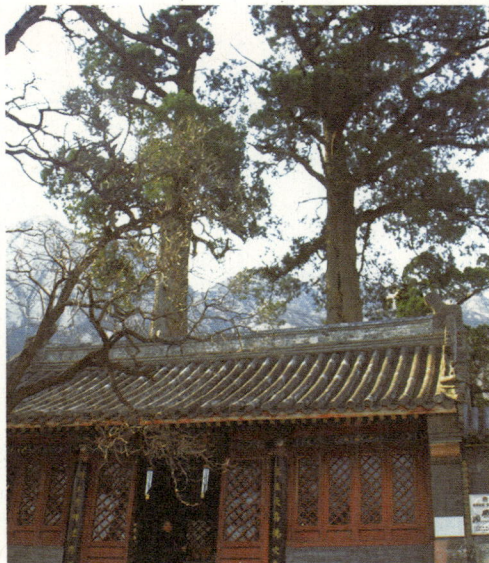

10 龙泉寺

种有很多古柏的千年古刹 ★★★★ 赏

📮 北京市海淀区龙泉寺路　🚌 乘346路公共汽车可到，自驾走颐和园路至北宫门，沿引水渠北行即到　📞 010-62409092

龙泉寺位于凤凰岭风景区内，这座寺庙始建于辽代，距今已经有1000多年的历史了。寺中多植有古柏，很多至今已经是1000多岁的古木了。这里殿宇恢弘，气氛庄严，很有一种深山藏古刹的神圣氛围。如今这里香火旺盛，还时常有人到寺中来做义工，可谓是名动京西的名刹。

11 七王坟

醇亲王奕譞的墓地 ★★★★ 赏

📮 北京市海淀区北安河　🚌 乘346路公共汽车在草场站下，自驾沿着346路公交线路往北走，一站多地，路西有两个石头界桩，上面刻着"妙高峰香界"的文字，从这个路口进去，一直向上开，过了铁路再开4～5分钟即达

七王坟指的是清末醇亲王奕譞的墓地，它位于北京西郊妙高峰古香道旁。墓地建筑依照山势而建，层层往上，井然有序。最前面是碑楼，上面刻写着醇亲王奕譞的生平。通过碑楼后的石拱桥，就来到醇亲王的墓前，墓地的北边是墓园的主建筑，其中有祠堂、享殿、过厅、走廊、花园等，布局规整。站在这些古建筑前，想象当年醇亲王的风光得意，不禁感叹历史的轮转变迁。

12 上庄水库
最具人气的郊游地点
★★★★ 赏

上庄水库是北京西郊最具人气的度假休闲的去处，在这里能体验到最自由的休闲感觉。这里自然条件优越，地势开阔，很适合露营、垂钓、烧烤等项目。在蔚蓝的天空下，这里的湖面平静而富有生气，仿佛还能听到鱼儿在水下活动的声音。人们在湖边一字排开，放下钓竿，期待能有大收获。而钓上鱼后，直接放在炉子上烧烤，那味道别提有多鲜美了。

✉ 北京市海淀区上庄乡 🚌 乘303路公共汽车到上庄水库站下，自驾由颐和园北宫门往北行，走黑山扈到头西折，走到一半的地方右转过桥，穿过北清路一直往北，很快就到达上庄

13 九王坟
保存最完好的清代王公墓
★★★★ 赏

✉ 北京市海淀区北安河乡 🚌 乘346路公共汽车在九王坟站下，自驾走肖家河-农大西路-西北旺-永丰-北清路，然后一路向西，走到头右转，沿着346路公交路线走，九王坟那一站站牌边上有个大门，进去就是九王坟

九王坟也称孚郡王墓，是道光皇帝的九子奕譓的陵墓，也是京郊清代王公坟中地面建筑保存最为齐全的一处。来到九王坟，就会被这里一望无际的绿色所吸引，这里的绿化极为出色，到处都能看到苍松翠柏，让人觉得神清气爽。而墓园内各种建筑也保存完好，这些建筑形制规整，布局严谨，是研究清朝墓葬制度等有重要的价值。

14 百望山国家森林公园

"太行前哨第一峰"

★★★★ 赏

📮北京市海淀区马连洼西路黑山扈北口19号 🚌乘330、346路公共汽车可到，自驾走北四环西路转颐和园路到北宫门后，再转黑山扈路 ☎010-62884508 💴6元

　　百望山也称望儿山，位于颐和园以北。这里属于太行山的余脉，也有"太行前哨第一峰"的美誉。百望山林木苍翠，自然环境极为优越，森林覆盖率达到95%，被认为是北京的城市之肺。山上一年四季气候宜人，登临主峰可以远眺京城大地，满目壮观秀丽的景色，令人心旷神怡。除此之外，在这里还有不少历代建造的人文古迹，供人访古感怀。

15 锦绣大地农业观光园

以农业为主体的观光产业园

★★★★ 赏

　　锦绣大地农业观光园是一处以生物技术、信息技术、农业工程、植物生物、动物营养五大专业领域为支撑，发展畜牧业、种植业、观光农业的现代化农业基地。同时这里也是京郊少数几个以农业为主体的观光产业园。园内主要分南北两部

📮北京市海淀区田村路 🚌乘336路公共汽车在廖公庄站下，自驾走西三环航天桥沿阜石路向西(西四环定慧桥沿阜石路向西)，田村山路口北转，北行至丁字路口到头西转，前行800米即达 ☎010-88702172 💴20元

分，在这里人们可以看到各种蔬菜的种植及收获过程，还能亲自下手采摘，尽享农活乐趣。

大赏京郊

北京郊区交游攻略 TOWN

北京郊游攻略

BEIJING OUTING HOW

石景山区

地处长安街西段的石景山区拥有众多名胜古迹，绵延的山峰林木翠绿茂密，是踏青郊游的好去处。

石景山区 特别看点！

第1名！
八大处！

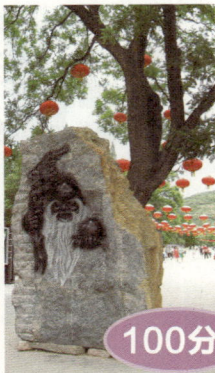

100分！

★ 八座古寺齐聚之处，郊游踏青好去处！

第2名！
法海寺！

90分！

★ 动用最好的工匠建成的寺庙，不可多得的文化瑰宝！

第3名！
田义墓！

75分！

★ 保存完好的宦官墓，欣赏精美石刻！

---

1 法海寺 （90分！）

动用最好的工匠建成的寺庙 ★★★★ 赏

📮北京市石景山区模式口 🚌乘311路公共汽车在模式口下，自驾由石景山路转北辛安路，再到模式口即达

📞010-88713976 ￥20元

　　法海寺位于模式口翠微山南麓，始建于明朝正统年间，当时动用了全国最好的工匠，耗时近5年方才完成。完工后的法海寺巍峨壮观，其中的明代壁画、古铜钟、白皮松、藻井曼陀罗和四柏一孔桥更是被誉为"五绝"。如今虽然仅存大雄宝殿、钟鼓楼、山门等建筑，但是其外观依旧，壁画等很多还保存着，是不可多得的文化瑰宝。

2 田义墓 75分！
保存完好的宦官墓
★★★★ 赏

北京市石景山区模式口大街　乘336、396路公共汽车在首钢小区站下，自驾沿石景山路至模式口大街北侧　☎010-88722585　¥8元

　　田义墓又称慈祥庵、石香炉庵，位于北京石景山区翠微山脚下，距离法海寺不远。这里是目前全国唯一保存最完好、规格最高、石刻最精美的明代宦官墓，也是第一座对外开放的明清宦官墓。墓内现存有门楼、华表、文武石像生、棂星门、3座碑亭、享殿、石供、寿域门及地宫等，游人还可以进入地宫参观。此外，这里还有大量精美的石刻，内容大多都是代表吉祥如意的图案，刻工十分精巧。

3 八大处 100分！
八座古寺齐聚之处
★★★★★ 赏

北京市石景山区八大处公园　乘389路公共汽车在八大处站下，自驾由五孔桥上阜石路，依路标直行即达　☎010-88964661　¥10元

　　八大处位于北京市西郊西山风景区南麓，因为这里有八座古寺，所以才有八大处这名字。这八座古刹最早的修建于隋末唐初，而后在宋、元、明、清等各朝代均不断新建寺庙，其中灵光、长安、大悲、香界、证果五寺更是皇家御敕的寺院。除了寺院外，这里的自然风光也很出色，森林覆盖率超过95%，一年四季各色鲜花开放，把这里染上了不同的色彩，是人们郊游的绝佳去处。

4 北京射击场

设施先进的现代化射击场 ★★★★ 玩

北京市石景山区福田寺甲3号北京射击馆院内 乘318、347、489路公共汽车在北京射击场站下，自驾由莲花池东路上五环至香山南路，沿香山南路前行即达 010-62884508

北京射击场位于北京西郊的福田寺，居于风光旖旎的翠微山脚下，是一座设施先进的现代化射击场。这里的主体射击馆建筑面积3187平方米，分上下两层，可以提供各种手枪、步枪、冲锋枪、机关枪、火箭筒等30多种新旧式武器的射击武器，特别是最近还开辟了飞碟靶射击，更是让人们有了大显身手的机会。即便是初学者，都能在这里体验到愉快的射击感受。

5 慈善寺

传说中顺治出家的地方 ★★★★ 赏

北京市石景山区潭雨路 乘366路公共汽车在五里坨站下，自驾由石景山路转北辛安路，再到门头沟路、潭峪路即达 010-88905988 ￥8元

慈善寺位于北京天台山上，也称天台寺。这座寺庙依山而建，主要分中、东、西三部分，其主殿大悲殿位于寺西，正中供奉有金漆木雕的观音像，两侧各有4尊道教神像，这种佛道合一的寺庙在京西实属罕见。此外，这里最引人注目的还是要数顺治皇帝出家的传说，据说顺治皇帝退位后就在这里出家为僧，直至老死，成为民间故事中的一段著名的谈资。

6 万善桥

外形特殊的石桥 ★★★★ 赏

北京市石景山区陈家沟 乘621路公共汽车在黑石头村站下，自驾从八大处公园证果寺上东山梁至辘轳井沟，便上了古香道，走半小时后可以到念佛桥。过念佛桥往西半小时，经陈家沟就可以找到万善桥

万善桥位于双泉寺前，这是为了古时帝王前往双泉寺拜佛或是避暑而修建的。这座桥梁的外观很具特色，桥拱高而近于圆形，宛如一道长虹跨于河两岸。桥身完全用青石建成，燕翅形桥台建筑在山脚岩石上，浑然天成。至今这座石桥依然保持了原有的古貌，桥身完整，拱券不塌，是古代造桥的经典之作。

7 双泉寺

内藏丰富的金代寺庙

★★★★ 赏

📧 北京市石景山区陈家沟　🚌 乘621路公共汽车在黑石头村站下，自驾从八大处公园证果寺上东山梁至辘轳井沟，便上了古香道，走半小时后可以到念佛桥。过念佛桥往西半小时，经陈家沟就可以找到双泉寺

　　双泉寺位于北京黑石头乡双泉山上，据说始建于金代，因为寺边有两眼泉水，故而命名为双泉寺。这座寺庙南北朝向，可以分为前后两院，主要建筑有山门、正殿、配殿、厢房等。寺内有泥佛、铁佛、铁钟、黑龙壁画等历朝历代留下的珍贵文物。不过如今寺内建筑大多已经荒废，仅有少数几块石碑还能依稀看出当年香火旺盛的情景。

8 承恩寺

形似碉堡的寺庙

★★★★ 赏

📧 北京市石景山区模式口大街东部　🚌 乘336路公共汽车在首钢小区站下，自驾由石景山路转北辛安路，再到模式口大街

　　承恩寺建于明正德年间，寺庙坐南朝北，中轴线上依次有山门殿、天王殿、大雄宝殿、后殿等建筑，大殿两侧还有配殿，在院墙四周设置有瞭望楼，外观上很像一座碉堡，这在北京明清寺庙中是极为罕见的。寺中最著名的当数明朝时留下来的壁画，这些壁画内容多为腾龙图案，栩栩如生，是明代壁画艺术的经典之作。

北京郊游攻略 HOW

北京郊游攻略

门头沟区

　　地处北京西部的门头沟区群峰林立，潭柘寺是门头沟最著名的景点，俗话说"先头潭柘寺，后有北京城"。可见潭柘寺是北京一座历史最古老的寺庙，另外华北地区最大的亚高山草甸——灵山也很值得一看，其他著名的还有百花山、妙峰山和戒台寺也都是不可错过的著名景点。

门头沟区 特别看点!

第1名!
潭柘寺!
100分!

★ 位于京郊的古老寺庙，历史悠久的古刹!

第2名!
灵山自然风景区!
90分!

★ 北京最高峰，华北地区最大的亚高山草甸!

第3名!
戒台寺!
75分!

★ 全国最大的佛寺戒坛所在地，天下第一戒!

---

1 潭柘寺 100分!

位于京郊的古老寺庙

★★★★★ 赏

潭柘寺是北京的名刹之一，它建于西晋年间，迄今已有1700多年的历史，历经多次改修扩建，才有今日的宏大规模。这座寺庙位于风景秀丽的宝珠峰下，四周林木葱茏，环境清幽，给人以

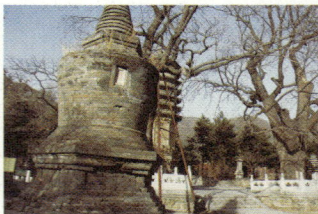

✉北京市门头沟区潭柘寺镇 🚌乘931路公共汽车可到，自驾从石景山西行沿108国道，按路标指示行驶即达 📞010-60862244 ¥55元

心旷神怡的感觉。寺庙内的景点众多，既有气势雄伟的高大殿堂，也有精巧细致的独特装饰，假山叠翠、曲水环绕在亭台楼阁之间，红墙碧瓦、飞檐翘角掩映在青松翠柏之中。

❷ 八奇洞
幽深奇妙的洞穴
★★★★ 赏

八奇洞位于潭柘寺附近，自古以来就是僧人们修行的地方，因而保留着很多文物古迹供人欣赏。这个洞穴的独特之处在于它的岩体为独一无二的褶皱"8"字，而各种奇景共有八处之多，所以被称为八奇洞。

✉北京市门头沟区潭柘寺镇 🚌乘931路公共汽车可到，自驾走阜石路，上109国道，依路标指示行驶即达 ¥40元

八奇洞全长1500多米，洞内的岩壁上刻有神佛的画像，也有再现高僧们讲经情景的图案。

3 天门山国家森林公园

景色秀美的山林公园

★★★★ 赏

北京市门头沟区潭柘寺镇南辛房村 乘931路公共汽车到南辛房村下车即到，自驾车走108国道可到 010-60864249

天门山国家森林公园是近年来新开发的一个景区，这里的自然环境保存得较为完好，是远足野炊、休闲放松的好地方。景区内最引人注目的景观是位于山顶的天门洞，它是一个不大的洞穴，洞内中空，两边的景色能够一览无遗，站在洞口还可以远眺房山区景。游人们来到天门山可以欣赏到淳朴的山林风光，并体验爬山的乐趣。

4 石佛村

古老的摩崖造像群

★★★★ 赏

北京市门头沟区永定镇石佛村 乘931路公共汽车在戒台寺站下，自驾车走108国道可到

石佛村是北京唯一一处拥有摩崖造像景点的地方，那些古老石佛像大都是明初所建，迄今已有近600年的历史。这里的石刻造像都位于村外的山崖上，北区共有佛龛18处，里面供奉着神佛菩萨；南区的"神仙洞"右侧的巨石上，雕刻有一块摩崖碑。石佛村的石刻雕像，造型精美，姿态各异，技法精湛，独具匠心，是明代佛教雕刻艺术中的精品。

5 戒台寺 （75分！）

全国最大的佛寺戒台所在地

★★★★ 赏

戒台寺位于京郊的马鞍山上，始建于隋代开皇年间（581-600年），迄今已有1400多年的历史。这座寺庙的环境清幽，气势雄伟的殿堂依山而建，掩映在苍翠的松林之中，每当微风徐来，松涛阵阵，就会形成华美的"戒台松涛"景观。寺内的景观众多，芳香四溢的牡丹院是清末洋务派领袖恭亲王奕䜣隐居的地方，戒坛是僧侣出家受戒的地方，被誉为"天下第一戒"。

📮 北京市门头沟区戒台寺风景区 🚌 乘931路公共汽车在戒台寺站下，自驾从石景山西行沿108国道，按路标行驶即达 📞 010-69806611 ¥ 35元

6 灵山自然风景区 （90分！）

北京最高峰

★★★★★ 赏

风景秀美的灵山自然风景区位于北京西北部，其主峰奇顶峰海拔2303米，是北京的第一高峰，每到夏季会被云雾所缭绕，素有"北京的屋脊"之称。这里四季分明，各种景观应有尽有，春季繁花荣荣，夏季碧野葱葱，秋季野果盈盈，冬季雪谷挂冰。来到灵山可以看到集断层山、褶皱山为一体的独特景观，而高山草甸上则有牛马等家畜在漫步。

📮 北京市门头沟区齐家庄 🚌 乘929支线公共汽车在灵山景区下，自驾车走阜石路在门头沟区双峪环岛换行109国道可到 📞 010-61827994 ¥ 35元

7 百花山自然风景区

北京最大的动植物保护区

★★★★ 赏

百花山自然风景区是国家自然保护区，秀美的山林景色，令人赞叹不已。百花山的最高峰是俊秀挺拔的百草畔，其海拔为2049米，山体上下林木茂密，每当清风徐来之时，就会出现壮观的松涛景观。这里还有多处人文景观，赫赫有名的显光寺就位于这里。百花山景区共有18处名景，其中以"百花草畔"、"百花山瀑布"最为知名。

✉北京市门头沟区清水镇 乘乘929路支线在黄塔站下，自驾走阜石路到门头沟后，沿109国道依路标行驶 ☎010-61826110 ¥40元

8 小龙门国家森林公园

秀美的山林景区

★★★★ 玩

✉北京市门头沟区清水镇 乘乘929路支线公共汽车在双塘涧站下，自驾走阜石路，上109国道，依路标行驶即达 ☎010-61827665 ¥15元

小龙门国家森林公园是以秀美的山林景观和保存完好的自然生态环境而出名的，是一个令人心旷神怡、流连忘返的地方。来到这里能够在茫茫林海中散步，呼吸到清新的空气；也能居住在小木屋中，体验护林人的生活。站在观景塔上可以纵览小龙门的秀丽风光，而报春崖、拜佛山、望日坨则是各有特色的景点。喜欢探秘的游客可以前往幽谷探秘区一探究竟。

9 龙门涧京西大峡谷风景区

北京第一大峡谷 ★★★★ 赏

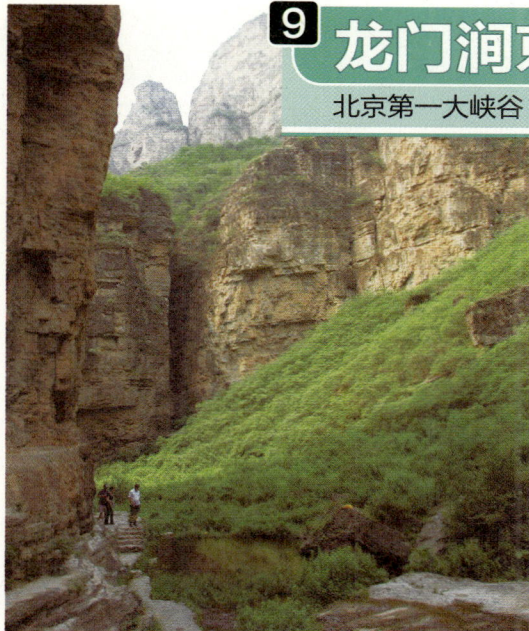

龙门涧大峡谷风景区的佳景众多，除了以奇险闻名的峡谷外，还有神秘莫测的鬼谷和巧夺天工的悬空寺等景点。一线天是这里最有名的景观，它是龙门涧大峡谷的核心部分，两侧陡崖高耸，天与石的交接处只有浅浅的一线空隙，令人惊叹不已。龙门涧大峡谷风景区内除了拥有鬼斧神工的自然景观外，还有众多的人文古迹景点。

✉ 北京市门头沟区清水镇 🚌 乘929路支线公共汽车在清水镇下，自驾车走109国道可到 ☎ 010-61828185 ¥ 35元

10 圈门

古代商路上的必经之地 ★★★★ 赏

圈门位于门头沟的沟口村，它在古老商路上起着关卡的作用，是商人们必经之地。圈门是一座城关式建筑，有着鲜明的明清风格，具体建造时间已经无法考证了。这里还有一座古老的戏台建筑，后台建筑是硬山搁脊，前台是悬山卷顶，前后都可见精美的木质雕刻。

✉ 北京市门头沟区龙泉镇 🚌 乘370路公共汽车在圈门站下，自驾走阜石路，过石景山，往前到圈门

11 峰口庵

旧时关卡的遗迹

★★★★ 赏

峰口庵位于门头沟圈门附近，它建造于宋代，相传是海陵王迁都时所建。这座关卡曾是北京的门户之一，后来逐渐荒废，现在只保存有城关的轮廓。漫步在关卡附近，能够看到许多古代石匾石碑，年代各异，可惜上面的字迹大都模糊不清了。来到这里游玩的人们能够感受到沧海桑田的变幻，还可欣赏四周优美的自然风光。

北京市门头沟区龙泉镇 乘370路公共汽车在圈门站下，自驾走阜石路可到

12 琉璃渠

生产琉璃制品的古老村落

★★★★ 赏

琉璃渠是一个古老村落，从元代开始，这里就是为北京供应琉璃制品的地方，在明清时期，更是赫赫有名。这里最显眼的建筑是一座清代的过街楼，它的造型精美，每逢元宵佳节，街楼上挂满各式彩灯。漫步在村落内，能够看到这里特意保留下来的传统琉璃制品的生产过程，还能购买到精美的琉璃工艺品。

北京市门头沟区琉璃渠村 乘929、892路公共汽车在琉璃渠站下，自驾走阜石路，过石景山，往前到三家店，再到琉璃渠

13 妙峰山风景名胜区

绚丽多姿的玫瑰花海

★★★★★ 玩

北京市门头沟区妙峰山镇 乘929支线在丁家滩站下，自驾走阜石路到门头沟后沿109国道至担礼村口，依路标行驶 010-61882936 ￥40元

　　妙峰山风景名胜区的景观众多，既有千奇百怪的岩石，也有历史悠久的寺庙，茫茫的林海令人感到心旷神怡，迎客松、携手松、胜利松、凤凰展翅松会让人过目难忘。这里最出名的则是千余亩的玫瑰花园，还有山桃花、野丁香、山茉莉等花朵夹杂其间，充满浓郁的浪漫氛围。

❀ 娘娘庙

华北第一大庙会的举办地

　　娘娘庙建于辽代，迄今已有千余年的历史，它依山而建，殿堂众多，供奉着释、道、儒等各路神灵。这里还是著名的娘娘庙庙会的举办地，每到农历四月初一至十五，来自四面八方的香客、游人就会聚于此，烧香拜佛，祈求平安。

14 涧沟

北京著名的民俗旅游村

★★★★ 赏

涧沟位于妙峰山脚下，那里空气清新，环境优美，既有茫茫的林海，也有一望无际的花田，是人们休闲观光的好地方。这里最著名的景点是那千亩玫瑰花田，漫山遍野的鲜花，会给人带来难以言喻的震撼。来到涧沟的游客们还可以品尝农家乐的美味，这里的炸玫瑰、蘑菇炖柴鸡、蘑菇豆腐汤都是色香味俱全的佳肴。

✉ 北京市门头沟区妙峰山镇　乘 乘326、336路公共汽车在河滩站下，换乘长途汽车直达，自驾走阜石路到门头沟后，再走109国道担礼路口出，沿路标行驶即达

15 三家店

古迹众多的村落

★★★★ 赏

✉ 北京市门头沟区龙泉镇　乘 乘336路公共汽车在三家店站下，自驾走阜石路，过石景山，往前即达

三家店的历史悠久，它既是明清时期京西大道的起点，也是永定河的出山口，因而商旅会聚，曾是一个繁华的商业中心。这里古建筑众多，漫步在青石板路上，可以看到昔日的店铺和门面。三家店的古寺众多，白衣观音庵、古刹龙王庙等寺庙保存得比较完好，而关帝庙则是当地义和团运动的拳坛所在地。

16 门头沟樱桃沟

山清水秀的古村

★★★★ 赏

✉ 北京市门头沟区色树坟　乘 乘929路公共汽车在单礼站下，再打车前往，自驾从阜石路上109国道，至军庄路口向右大约5千米，岔口下道，沿路标行驶即可

门头沟樱桃沟是一个古老的村落所在地，这里的生态环境保存得很好，是人与自然和谐相处的典范。这个村子为群山所环绕，四周林木葱茏，空气清新，还有清澈的山泉哗哗作响，能够令人心旷神怡，惬意无比。樱桃沟是以千余棵拥有百年树龄的樱桃树而得名的，当地出产的樱桃美味可口，曾是皇室御用品。

17 白云岩石殿堂

造型独特的古建筑

★★★★ 赏

北京市门头沟区龙泉镇赵家洼村　乘自驾走阜石路在龙泉镇可到

白云岩石殿堂是一座无梁殿，它的外表看上去毫无不凡之处，只有来到内部，才能发现它的玄机所在。这座建筑历史悠久，殿外墙壁上的色彩已剥落殆尽，但是建筑本体仍保存得比较完好，无梁殿是我国传统建筑艺术中的瑰宝之一，有着较高的艺术和科学价值，是不容错过的景点。

18 京西十八潭

如同江南水乡一般的美景

★★★★ 赏

北京市门头沟区王平镇　乘乘929路公共汽车可到，自驾走阜石路，上109国道，依路标指示行驶即达　☎010-61833074　¥26元

京西十八潭位于清水尖峰北麓的山谷之中，拥有秀丽的山水风光，春夏之际的美景不逊于其他任何地方。漫步在谷内抬头可以看见海拔1528米高的清水尖峰，它那雄伟的身姿令人赞叹不已，葱茏的林海和色彩纷呈的花朵则让它充满了柔美的气息。游人们可以乘坐木筏在京西十八潭内漂流，也能在岸边钓鱼并欣赏这里"飞流瀑布挂前川"的美景。

19 马致远故居
一代大戏曲家的故居 ★★★★ 赏

📮北京市门头沟区王平镇韭园西落坡村 🚍乘
929路公共汽车在石古岩下，自驾从阜石路上
109国道，至下苇甸左转行，往韭园方向

京西门头
沟的西落坡小山村是一代大戏曲家马致远隐居的地方，四周
的环境与他的名曲《天净沙·秋思》中所描述的意境极为相
像。这是一座典型的四合院建筑，门前的影壁墙上写着"马
致远故居"，其前方的大理石碑上立有马致远的半身胸像，
并简述了他的生平事迹。来到院内可以看到根据资料而复原
的元代家具和房屋陈设。

20 斋堂镇
京西历史文化古镇 ★★★★ 逛

📮北京市门头沟区斋堂镇 🚍乘892路公共汽车
在斋堂下，自驾走阜石路，上109国道，到斋堂

斋堂镇是一个历史悠久的古镇，它是京西大道上的门户，因此保存了众多的古迹。这个古
镇拥有大量明清时期修筑的关卡建筑，其中以大寒岭关城保存得最为完好。斋堂镇最著名的景区
当数国家级历史文化名村爨底下村，它是古代北方建筑文化的代表作。这里还有"东胡林人"遗
址、灵水村龙王庙戏台等旅游景点。

21 斋堂水库
烟波浩渺的水库 ★★★★ 赏

斋堂水库位于清水河上，是门头沟的奇景之一，两岸
青山如黛，还有众多野生动物的身影出现。这个水库没有经
过现代化
的开发，
因此周边
环境保留
了很好的
原生态风
景，是一

📮北京市门头沟区斋堂镇 🚍乘892
路公共汽车在斋堂下，走阜石路到门
头沟，再沿109国道至斋堂

个适合野营、远足的好地方。泛舟在水上可以
欣赏到两岸诸多美景，波光粼粼的水面令人心
旷神怡，天地间秀美的景色让人沉醉不已。

22 灵水村

青山绿水的古村 ★★★★ 赏

北京市门头沟区斋堂镇灵水村　乘929支线路公共汽车至军响路口站下车即达，自驾走109国道可到　010-61817760

灵水村是一个拥有千余年历史的古村，它为群山所环绕，还有清澈的溪水潺潺流过。灵泉禅寺始建于汉代，现在人们看到的建筑则是明代弘治年间重建的，迄今已有500多年的历史，寺内还有一株雌雄同体银杏树，颇为奇特。灵水村的寺庙很多，南海火龙王庙、天仙圣母庙、观音堂、二郎庙这四座庙宇彼此相邻，是一个颇为奇特的景观。

23 珍珠湖

河蚌的家园 ★★★★ 赏

北京市门头沟区雁翅镇珠窝村　乘929路公共汽车在终点站下，自驾走阜石路，上109国道，依路标指示行驶即达　010-61838322　￥20元

珍珠湖原本是永定河珠窝水库，四周景色优美，天然景观和人文景致一应俱全。湖上最醒目的景观是那座巨大的铁路拱桥，它曾有着亚洲第一铁路拱桥的美誉，大桥气势如长虹卧波，令人惊叹不已。来到这里的游客们可以进行野炊、露营等旅游活动，而大型游览观光船、快艇、手划船能够满足不同游客的需求，珍珠湖还是享受农家乐的理想场所。

24 爨底下村

历史文化名村

★★★★★ 赏

📍北京市门头沟区斋堂镇爨底下村　🚌乘929支线公共汽车在爨底下村下，自驾走阜石路，上109国道有明显路标　📞010-69819333　💰35元

　　爨底下村是我国第一批被评为国家级"历史文化名村"的古村，它成村于明代，完好地保存了明清时期的华北建筑文化风格。这个村落位于京西斋堂西北峡谷中部，依山而建，是一块风水宝地。漫步在村内可以看到明清时期的古建筑、设计独特的四合院与造型独特的影壁相辅相成，给人以匠心独具的感觉。爨底下村保存了不同时代的文物古迹，有着时空交错的氛围。

25 大寒岭关城

建于明代的关卡

★★★★ 赏

　　大寒岭关城扼守着京西大道上的要地，素有"京西门户"之称，它建于明代中后期，迄今已有400多年的历史了。这个关城只有城台得到了完好的保存，它宽为12.5米，进深5.6米，高6米，城关的券洞为2.5米宽，2.4米高，古道即从城台的券洞下面经过。大寒岭关城附近还有毗卢寺遗址等景点供人游览。

📍北京市门头沟区军响乡吕家村　🚌乘929路公共汽车在木城涧站下，自驾由玉泉营环岛沿京开高速至北京段出口前行，过东胡林人遗址往吕家村方向即达　💰60元

26 双龙峡
宛如世外桃源一般的峡谷 ★★★★ 赏

北京市门头沟区斋堂镇火村 乘 乘929支线公共汽车在火村口下，自驾走阜石路，上109国道，经下苇甸，西湖林等到双龙峡 ☎010-69819310 ¥30元

双龙峡内生态环境保存得很好，既有高大挺拔的秀美山峰，也有奔腾不息的瀑布，天河、水潭、绿谷、红岩等景观组成一幅幅靓丽的美景。这里的动植物资源丰富，古杨、古柳、百年猕猴桃、山葡萄树应有尽有。第一瀑布是双龙峡的名景，每到冬季就会成为壮观的冰瀑布，因此经常有热爱冒险的年轻人在这里进行攀冰活动。

北京市门头沟区向阳口村 乘 斋堂乘沿河城方向的小巴可到，自驾走阜石路沿109国道可达

27 大悲岩观音寺
独特的"盖不严小庙" ★★★★ 赏

大悲岩观音寺是一座建于明代的古庙，它的建筑物大都已经损毁，但整体轮廓还是得到了很好的保存，是门头沟的区级文物保护单位。这座庙宇建于山崖的凹进处，而山崖又不能将寺庙全部掩盖起来，所以被当地人称为"盖不严小庙"。观音寺的墙壁上依稀能够见到精美的壁画，附近的碑刻也保存得比较完好。

28 沿河城
古代北京的军事要塞

★★★★ 赏

北京市门头沟区沿河城村 乘 326、336路公共汽车在河滩站下，自驾北三环马甸桥上八达岭高速，走109国道至沿河城。或到门头沟后走门斋公路，由斋堂东里向北到达

　　沿河城建于明代万历六年（1578年），是北京外围的防御据点之一，起着防御北方外族入侵、屯兵守备的作用。这座要塞的城门全部为砖石结构，东侧的万安门已经被拆毁，而西侧的永定门保存得较为完好，这里的城墙用条石和鹅卵石所砌筑，十分坚固。沿河城还有很多敌台，它们的地势险要，彼此呼应，起着警戒和传递消息的作用。

29 黄草梁自然风景区
京西古道上的明珠

★★★★ 赏

北京市门头沟区斋堂镇 自驾走109国道西行至斋堂西青龙涧，向北至柏峪方向可到

　　黄草梁自然风景区是门头沟的著名景点，这里景观众多，给游人们留下深刻的印象。景区内以山林景观为主，游人们可以在这里享受爬山的乐趣，还能登高望远，沉浸在天地间壮丽的风光之中。黄草梁还有丰富的人文古迹，其中包括坚固的敌台、崎岖蜿蜒的长城和造型精美的塑像等。这里还是体验农村风情的好地方，独特的农家乐让人赞不绝口。

30 柏峪村

远近闻名的抗战模范村 ★★★★ 赏

 北京市门头沟区柏峪村 乘 乘892路公共汽车到斋堂客运中心，换景区旅游专线可达，自驾走109国道西行至斋堂西青龙涧，向北至柏峪方向可到

　　柏峪村是北京的历史文化名村，它成村于明代前期，至今仍沿用着当时的建筑格局，许多古屋也得到了妥善的养护。这座古老的村落里流传着梆子戏、蹦蹦戏、秧歌戏三种古老的地方戏，戏剧内容大都取材自当地的故事传说，其中以反映柏峪村人民抗击日本侵略者事迹的曲目最为知名。来到柏峪村可以品尝到各种绿色纯天然食品。

31 双林寺

建于辽代的古老寺庙 ★★★★ 赏

　　双林寺建于辽代，迄今已有近千年的历史，在经过历代的修葺后才有了如今让游人赞叹的规模，可惜这里的建筑物大都损毁于战火之中，只剩下部分残垣断壁供人凭吊。双林寺有元、明两代的小型建筑各一座，其中元代的殿堂3.5米见方，悬山调大脊，砖雕鸱吻，梁架使用叉手，造型颇为精美，具有很高的文物价值。

 北京市门头沟区清水镇上清水村 乘 乘892路公共汽车在斋堂换乘小巴可到，自驾走阜石路至门头沟，上109国道沿路标行驶至双林寺

 北京市门头沟区清水镇齐家庄村 乘 乘929支线公共汽车在斋堂换乘小巴可到，自驾走阜石路到门头沟区双峪环岛，右转到龙泉宾馆，沿109国道按景区标志行驶即达

32 灵严寺

历史悠久的古寺 ★★★★ 赏

　　灵严寺位于门头沟区清水镇齐家庄村，它始建于唐武德年间，在元明时期得到重修改建，可惜大部分建筑毁坏在抗战的烽火之中。大雄宝殿是这里的核心景点，它是一座元代建筑，造型典雅，并采用独特的建造方法，在整个北京地区也是较为罕见的。正殿里供奉的是释迦牟尼佛像，而东侧的厢房里还塑有刘备、关羽、张飞像。

北京郊游攻略HOW

北京郊游攻略 房山区

BEIJING OUTING HOW

地处北京西南的房山区人文景观丰富，其中最著名的当数被誉为北京城发源地的西周燕都遗址和被联合国列入世界自然与文化遗产的周口店遗址，此外房山区还有十渡风景区、银狐洞等迷人的自然风光！

房山区 特别看点!

第1名!
周口店遗址!

100分!

★ "北京人"化石的发现地,世界著名的古人类博物馆!

第2名!
十渡风景区!

90分!

★ 北方唯一的喀斯特地形景区,京郊特色的峡谷风光!

第3名!
银狐洞!

75分!

★ 水陆俱全的溶洞景观,水石交融的洞穴!

---

1 周口店遗址 （100分!）

"北京人"化石的发现地

★★★★★ 赏

周口店遗址是我国著名的古人类遗址博物馆,这里收集了大量旧石器时代的人类生活的遗迹,是全世界同类遗址中发掘物品最多、遗迹规模最大、研究最为深入的。漫步在周口店遗址博物馆里,能够进

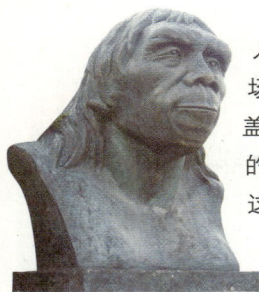

入溶洞中去体验一下古人类生活的场景，还能看到他们遗留下来的头盖骨、下颌骨、牙齿等化石和丰富的石器、骨器、角器与用火遗迹。这里还复原了"北京人"和"山顶洞人"的生活环境，以及他们进行捕猎的过程，能够让游客了解先民们与严酷的大自然抗争的伟大壮举。

✉ 北京市房山区周口店大街1号　🚍 乘917路公交汽车到房山，转乘小巴可达，自驾走京石高速在阎村出口下高速后走京周路可到　📞 010-69301278　¥ 30元

2 上方山国家森林公园

景色秀美的山林景区　★★★★★ 赏

✉ 北京市房山区韩村河镇圣水峪村　🚍 乘917、830、835路公共汽车至良乡西门，转乘房15路可到，自驾走京石高速公路在琉璃河出口下高速后经琉璃河、韩村河可到　📞 010-61315542　¥ 40元

上方山国家森林公园的景色自古以来就扬名天下，它甚至获得过"南有苏杭、北有上方"的美誉。这里既有秀美的自然景观，也有古老的人文景致，更被评为全国20家示范性森林公园之一，是北京郊外的风景名胜。漫步在林木葱茏的山坡上，可以看到以晶字石、骆驼峰、青龙峰、狮子峰等为代表的奇峰怪石。这里还有北方罕见的天坑奇景，十二座挺拔的山峰吸引着游人的目光，是众多影视剧的外景地，《智取华山》等老电影就是在这里拍摄的。

3 上方山云水洞

上方山第一名景　★★★★★ 赏

云水洞是上方山的名景，门口处有一座辽代的精美佛像，洞内的溶岩景观千奇百怪，给人以神秘莫测的感觉。这个洞穴深达630米，各厅大小不一，造型独特的奇石层出不穷，其中以二龙把门、起火筒、双狮顶头最为有名。云水洞内最著名的景观是第二厅里的通天柱，它高38米，是全亚洲最大的洞内石笋，来到这里的游人们都会在柱下合影留念。这里的许多钟乳石酷似乐器，人们仿佛可以敲击石锣、石鼓、石琴奏出一首首美妙的音乐。

✉ 北京市房山区韩村河镇圣水峪村　🚍 乘917、830、835路公共汽车至良乡西门，转乘房15路可到，自驾走京石高速公路在琉璃河出口下高速后经琉璃河、韩村河可到

④ 十渡风景区 （90分！）

北方唯一的喀斯特地形景区

★★★★★ 玩

✉ 北京市房山区十渡镇　🚍 乘917路公共汽车可达，自驾走京石高速公路在琉璃河出口下高速走云居寺路可到　📞 010-61349009

　　喀斯特溶岩地貌是以奇险著称的，而十渡景区就是我国北方唯一一处此类景区，因而有着很大的影响力。沿路前行，在二渡的山坡上可以看到酷似如来手指造型的景观，附近还有不少可以充当盆景造型物的"上水石"。三渡的峡谷里有着青山绿水的江南景观，它们与古朴典雅的城关相映成趣。四渡处有令人瞠目结舌的一线天峡谷，设置了惊险刺激的速降设施。五渡、六渡都是人们休闲放松的好地方。七渡、八渡有着千奇百怪的地质景观，九渡、十渡也各有其不凡之处。

❀ 十渡拒马乐园

建立在风景区内的现代乐园

　　拒马乐园建在大名鼎鼎的十渡景区内，并巧妙地将现代游乐设施与古老的天然景观结合在一起。这里是蹦极的好地方，在青山绿水间，游人们从高崖上一跃而下，霎时间把附近的山光水色尽收眼底，充分满足了现代人猎奇、探幽，追求新奇、刺激的心理。十渡拒马乐园里还有乘竹排漂流的项目，一边划水前进，一边欣赏着岸边的美景，让人心旷神怡。

5 东湖港风景区

风景秀美的峡谷景区

★★★★ 赏

　　东湖港是十渡景区内的名景之一，它是以优美的山林风光和秀丽的水路风景而闻名的，因为开发比较晚，所以保持了较好的原始风貌。漫步在景区内可以看到遍布整个峡谷的千年古藤，而一望无际的原始森林则会让人感到心旷神怡。东湖港最有名的景观当数奇特的"三叠瀑布"，它的落差达115米，水流飞落时形成的水雾弥漫在半空之中，每到夏日天晴的时候就会看到美丽的彩虹。这里还有清澈的拒马河在流淌，游人既可以在沿岸戏水，也能乘坐木筏在河上漂流。

📧 北京市房山区十渡镇平峪村十五渡东湖港风景区　🚍 乘917路公共汽车到东湖港站下即达，自驾走京石高速公路在琉璃河出口下高速经韩村河、云居寺可到　📞010-61346688

回音壁瀑布

6 天池山风景区

景色怡人的山林公园

★★★★ 赏

　　天池山风景区是以山林景观为主的野外公园，来到这里的人们可以进行野炊、露营、登山等多种户外游乐活动，是一个集旅游、度假、餐饮、娱乐等多种功能于一体的山林公园。景区内林木葱茏、空气清新，能够给生活在烦躁都市中的游人们带来心旷神怡的感觉。沿山路前行，可以看到一处处秀美优雅的小型瀑布，来到山顶不但可以俯瞰四周的大好河山，还能在清澈的泉水边游玩嬉戏。这里还有供人休闲的采摘区和钓鱼区。

📧 北京市房山区十渡前头港村　🚍 自驾走京石高速公路在琉璃河出口下高速走云居寺路可到　📞010-61347066

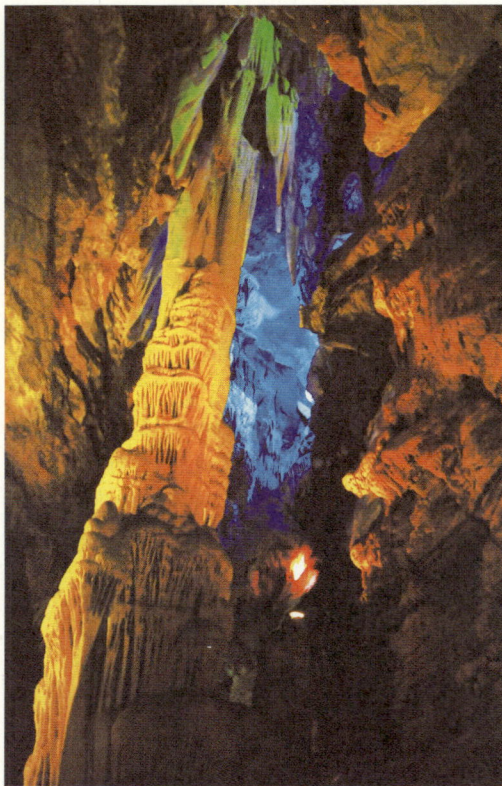

7 仙栖洞

充满奇幻色彩的溶洞 ★★★★ 赏

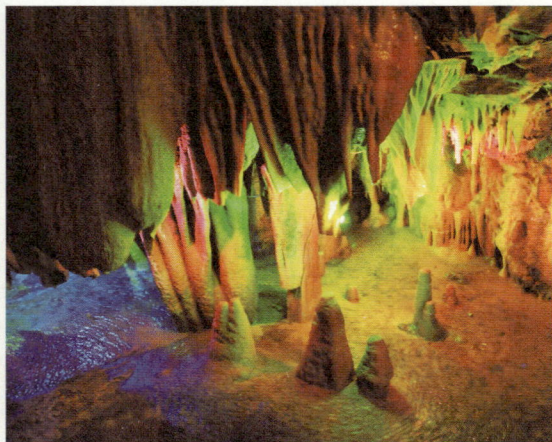

　　仙栖洞是一个大型溶洞，仅目前开放出来的长度就达6300余米，而且它是我国北方唯一需要乘船进入的大型洞穴。这里的景观多种多样，各种石笋、石花、石柱、石幔等奇景，形状奇异，色彩绚丽，惟妙惟肖，令人啧啧称奇，最壮观的是高98米如繁星闪烁的大厅，最具特色的是令人啧啧称奇的岩溶钙板。仙栖洞内还有许多造型独特的奇景，其中以"大河上下"最为有名，因为它再现了中华民族的母亲河——黄河流域的地貌景观。

🏠北京市房山区张坊镇东关上村 🚍乘房45路公共汽车可达，自驾走京石高速公路在琉璃河出口下高速走云居寺路可到 📞010-61336228 ¥45元

8 龙仙宫

充满魔幻色彩的大型洞厅 ★★★★ 赏

🏠北京市房山区张坊镇东关村龙泉寺沟 🚍乘房45路公共汽车可达，自驾走京石高速公路在琉璃河出口下高速后走云居寺路可到

　　龙仙宫位于十渡景区内，是一个充满奇幻色彩的喀斯特景区，它有着复杂的洞穴结构、庞大的洞穴空间，在房山的诸多景点内独占鳌头。这里的总面积有1万平方米左右，各种溶岩景观应有尽有，或气势磅礴、粗犷宏伟，或惟妙惟肖、造型逼真，这里还有罕见的棕榈状石笋和松鼠化石。洞内有霓虹灯用于照明，给游人们带来一个充满魔幻色彩的世界，大厅内的石柱石笋林立，石帘、石幔、石花、石琴在灯光的照射下，异彩纷呈，令人目不暇接。

9 张坊古战道

宋辽时期的防御工事

★★★★ 赏

战道是我国古代一种地下防御设施，起着集结兵力、运送物资的作用。张坊古战道是目前北京地区发现的唯一一处军事古战道，具有很高的文物价值和军事价值。这条古战道位于地下4米处，迄今探明出来的道路长约1500米，而修复好的供人游玩的道路有400多米长。张坊古战道是用青砖铺地，其宽度可以同时容纳三个人并排行走，顶部有通气孔，两侧还有流水槽和盛水缸。在战道中前行可以看到士兵所驻扎的藏兵室，里面还有土炕等生活设施。

✉ 北京市房山区张坊镇 🚌 自驾走京石高速公路在琉璃河出口下高速后走云居寺路可到；917路公共汽车张坊支线直达 ☎ 010-61331451 ¥ 15元

10 皇姑坨

历史悠久的皇姑寺

★★★★ 赏

皇姑坨是以这里的皇姑寺得名的，相传那里是唐玄宗十八妹出家的地方，故得此名，现存的建筑则是清康熙年间重修的。这座寺庙里有两口明代的大钟，钟楼里的是嘉靖年间铸造的，名曰"擎天柱"，另一口则铸造于万历元年。这里还是历代文人墨客寻幽访古的地方，他们在这里留下多处摩崖石刻，既是历史文物，又是精美的艺术作品。皇姑坨地区景色优美，秀丽的山林风光和清新的空气会令人心旷神怡。

✉ 北京市房山区张坊镇大峪沟村 🚌 自驾走京石高速公路在琉璃河出口下高速沿路标前往

11 照塔

气势雄伟的高塔 ★★★★ 赏

北京市房山区张坊镇南尚乐乡塔照村 乘自驾
走京石高速公路在琉璃河出口下高速沿路标前往

　　照塔是北京的名塔之一，建造年代已经久远到无法考证了，它拥有极古朴典雅的建筑造型和秀美的外观，因此成为北京市的重点文物保护单位。这座八角七级密檐式砖塔位于金粟山顶部，虽然通高只有15米，但依然有着雄伟的气势，令观者无不动容。照塔的塔基上装饰有美丽的花纹、图案，古塔的第一层正面的券门可以进入，其余侧面则是假门和假窗，顶部的塔尖为攒尖宝刹。

12 云居寺

世界上保存石刻经版最多的寺庙 ★★★★★ 赏

　　云居寺建于隋末唐初，迄今已有1000多年的历史，它曾被日寇的炮火毁坏，现在则恢复了全盛时期的风貌。这里的殿堂、梵刹、佛塔相映成趣，又有幽深宁静的氛围，令来访者能够得到心灵的平静。云居寺自建寺起就一直雕刻石板佛经，千百年来从未停止，目前已镌刻佛经1122部，3572卷，共使用了14278块石板。这里还有盛唐时期所建的佛塔四座，而辽代所建的北塔集楼阁式、覆钵式和金刚宝座三种形式为一体，造型极为奇特，有着很高的欣赏价值。

北京市房山区大石窝镇水头村 乘自驾走京石高速公路
在琉璃河出口下高速走云居寺路可到；乘917路公共汽车
十渡支线云居寺站下车 010-61389612 ￥40元

13 玉皇塔
古朴典雅的佛塔 ★★★★ 赏

　　玉皇塔是一座辽代古塔，它的造型古朴典雅，相传塔内曾供奉着玉皇大帝，因此而得名。这座佛塔是八角七级密檐式砖塔，通高15米，因它建在高崖之上，所以能给游人带来强烈的视觉冲击感。玉皇塔看似门窗不少，但只有塔身正面设券门可以进入，其余全是造型好看的假门、假窗。环顾塔下，八角须弥座上面雕刻着精美的图案，内容题材全部取自于佛教典籍。来到塔内可以看到古塔的核心八角柱，它也是这里最著名的景观。

✉ 北京市房山区高庄村　🚍 乘917路公共汽车在长沟站下，换乘小巴到高庄村可达，自驾走京石高速公路在琉璃河出口下高速走云居寺路可到

14 石花洞
北方罕见的地下溶岩洞穴 ★★★★★ 赏

　　位于北京房山南车营村的石花洞是一个充满绚丽色彩的天然溶洞，它早在明朝正统年间就被人发现，后来一直是僧人修行的地方，洞内迄今仍保留着当时雕刻的佛像。这个洞穴仅开放全部七层中的前四层，共计2400多米的旅游路程，让来到这里的游客们感到不虚此行。漫步在洞内可以看到那些大小不同而又相互连接的洞穴犹如迷宫一般，洞内的石柱、石笋、石幔、石钟乳保存完好，各种沉积物景观也应有尽有。

✉ 北京市房山区河北镇南车营村　🚍 乘917支5路公共汽车可达，自驾走京石高速公路在阎村大件路出口下高速，沿河北镇方向经坨里可到　📞 010-60312170　¥70元

15 灵鹫禅寺

历史悠久的寺庙 ★★★★ 赏

灵鹫禅寺始建于辽代，后毁于战火之中，现在游人所看到的建筑风格是元代确立的，其后各朝多有重建。这里的殿堂大都由取自附近的石料砌筑而成，不仅造型粗犷大方，而且坚固异常。穿过山门与第一殿，能够看到明代所立的"敕赐灵鹫禅寺"石碑。正殿是这里的核心景点，它是

📍 北京市房山区和门头沟区交界处 🚗 自驾走京石高速公路在房山出口下高速经坨里镇可到

一个造型奇妙的无梁建筑，里面原来供奉着五百罗汉，可惜已经被人毁坏无存了。灵鹫禅寺后的古塔众多，东侧是明代的汉式佛塔，中间的是密檐式砖砌仿木结构的鞭塔，西侧则是造型精美的喇嘛塔。

16 万佛堂孔水洞

位于古寺之下的洞穴 ★★★★ 赏

万佛堂孔水洞是房山地区的名景之一，万佛堂是始建于唐代的古寺，现存建筑是明代重建的，也是孔水洞地区唯一保存下来的佛殿。这座殿堂的造型典雅大方，气势雄伟，歇山顶的无梁殿内有一组雕刻在汉白玉上的"万菩萨法会图"，它的造型精美，人物栩栩如生，是不可多得的唐代石雕艺术精品。孔水洞则是佛教名洞之一，它里面还保存着隋唐时期的刻经、摩崖造像，曾多次在相关书籍上出现，洞内还有清澈的泉水流入大石河。

📍 北京市房山区河北镇 🚗 自驾走京石高速公路在良乡下高速经坨里镇可到；乘917支3路到磁家务下

17 中华石雕艺术园

世所罕见的石雕艺术园

★★★★ 赏

中华石雕艺术园是一个以精美石雕为特色的景区，它也是全世界唯一一个汉白玉石雕艺术园。这里结合了东西方石雕艺术的精髓，欧式的园林景区内放置了中国古典式石雕和西方石雕艺术作品，是一个集园林绿化、石雕技艺、石雕工程及娱乐休闲于为一体的综合性公园。公园里既有惟妙惟肖的石雕人物像，

北京市房山区大石窝镇大石窝村 乘917路公共汽车石窝站下车即达，自驾走京石高速公路在琉璃河出口下高速经琉璃河、韩村河、长沟可到 010-61323247

也有展品众多的汉白玉文化艺术宫，而石牌楼、石神、石鼎都是造型精美的建筑景观，石艺浮雕长廊则是艺术佳作云集的地方。

18 将军坨风景区

感受山林风情的生态旅游景区

★★★★ 赏

北京市房山区河北镇檀木港村 乘948路公交车至将军坨风景区下车即达，自驾走京石高速公路在阎村出口下高速往河北镇方向可到 010-60378978

将军坨风景区相传是一代军师张良早年逃避追捕的地方，现在则是京郊著名的原生态旅游景区。来到这里，人们除了欣赏令人心情舒畅的自然景观外，还能参加多种有趣的娱乐活动，空中飞降是一个极为刺激的体育娱乐项目，是由登山探险中的技术活动演变而来的。除此之外景区内还有蹦极、飞行模拟器、射箭等娱乐活动，能让游人们尽兴而归。

将军坨还有大片果林，是进行采摘的好地方，小动物喂养园则能培养人与动物的亲密感。

19 白水寺
房山地区的名寺
★★★★ 赏

✉ 北京市房山区燕山站路 🚗 自驾走京石高速公路在阎村道口下高速后向西15千米可到

　　白水寺是一座古老的寺庙，它的建造年代已经无法考证了，现存的殿堂是明成化年间修建的，之后也多次修葺，因此在明清时期被称为"白水异浆"，是当时的房山八景之一。这里的建筑秉承了明清建筑的传统风格，造型典雅大方，庄严肃穆，给人以悠然宁静的感觉。白水寺内的主殿是一座古老的无梁殿，它由砖石砌筑而成，里面供奉着由花岗岩雕刻而成的释迦牟尼佛的站像，两侧则是阿难、迦叶两位使者，这三尊佛像造型精美，是难得的艺术佳作。

20 姚广孝墓塔
一代谋臣的墓塔
★★★★ 赏

　　姚广孝是明代初期的名臣，他在"靖难之役"中立下汗马功劳，是明成祖朱棣最重要的臣子之一，死后就安葬在房山的常乐寺村。这座墓塔的造型典雅大方，是为八角九级密檐式砖塔，通高为33米，气势极为雄伟，塔前的石碑上篆刻着"敕建姚广孝神道碑"的字样。古塔的基座上雕刻着多种花纹和图案，还有浮雕"寿"字，塔身上的檐角处悬挂着铜铃，每当清风徐来之际，悦耳的铃声就会响彻在半空中，顶部的刹杆串起了相轮、圆光、仰月和宝珠。

✉ 北京市房山区河北镇 🚗 自驾走京石高速公路在阎村出口下高速往河北镇方向可到

21 金门闸
我国古代著名的水利工程设施 ★★★★ 赏

北京市房山区窑上乡窑上村 自驾走京石高速公路在良乡出口下高速走窑上方向公路可到

　　金门闸是永定河上的重要水利设施，它建于清代康熙年间，不但起着引水清污的作用，还能灌溉两岸的田地，是古代水利工程技术人员聪明智慧的结晶，因此被列入国家重点文物保护单位的名单之中。这座古闸虽已荒废，但主体建筑保存得比较完好，因而人们能够感受到它全盛时期的雄壮气势。漫步在闸区内，能够看到清朝不同时期大修此闸时所树立的四块石碑，其中《金门闸浚淤碑》还有乾隆皇帝的亲笔题诗，因而颇为珍贵。

22 西周燕都遗址
西周时期的文物展览馆 ★★★★ 赏

北京市房山区琉璃河镇董家林村 乘917路公共汽车至韩村河支线商周遗址站下车即到，自驾走京石高速公路在琉璃河出口下高速走京石路可到

　　北京郊区的琉璃河镇董家林村是西周时分封的燕国故都属区之一，现在在这里发掘出大量文物，并建立了博物馆，能让来者更加直观地了解那段不为人所熟知的历史。这座博物馆采用了仿古造型，馆内根据展出物的不同划分为多个区域。遗迹被列为全国重点文物保护单位，主要景观是两座周代墓葬。漫步在展区内，可以按顺序参观序厅、青铜礼器厅、墓葬车马坑厅、青铜酒器兵器厅、陶器玉器漆器厅等展厅，里面展出的都是罕见的周代文物。

23 常乐寺
历史悠久的古寺
★★★★ 赏

　　常乐寺是一座历史悠久的古寺，它的建造年代已经无法考证出来了，现存的建筑物据传是明代建造的，因此成了房山区的文物保护单位。这座寺庙看似平淡无奇，但殿堂都有着古朴典雅的韵味，现存的前殿和正殿都是石筑的无梁殿，里面供奉的是佛教的诸位神灵。真正让常乐寺出名的是这后方的两座明代大太监的墓地，其中一位就是明光宗的司礼太监王安的墓地。

📮北京市房山区崇各庄常乐寺村　🚍乘房47路公共汽车可达，自驾走常吕路可到

24 铁瓦寺
造型典雅的古寺
★★★★ 赏

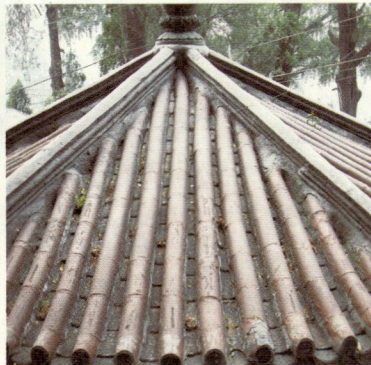

📮北京市房山区河北镇　🚍自驾走京石高速公路在良乡出口换行公路至河北镇

　　铁瓦寺是房山区最有特色的寺庙之一，它位于河北镇政府院内，在当地颇有名气。这座寺庙既没有雄伟壮观的殿堂，也没有流传千古的佳话逸事，但它却有着自己的不凡之处。铁瓦寺的顶部砖瓦据说是用铁块制成的，共使用了熟铁3000斤之多，并采用了相当成熟的防锈技术，铁瓦上还篆刻着文字，是我国古代劳动人民智慧的结晶。寺内还有一棵古老的银杏树，40余米的高度令人惊叹不已。

25 圣莲山风景度假区

京郊的宗教名山 ★★★★ 赏

　　圣莲山自古以来就是北京的宗教名山，拥有多处寺庙、道观，曾是高僧名道修行、授业的地方，不但香火旺盛，还是民国时期的达官贵人们修建别墅的地方。这里的山林景色秀美，给人以清幽宁静的感觉，但又不乏高崖深涧、奇石怪岩等自然景观，而一座座古朴典雅的庙堂殿宇则掩映在茫茫的林海之中。圣莲山景区内最有名的道观当属蟠桃宫，那里的道士擅长养生调理，而且那里的圣水洞流出的泉水据说有祛病消灾、强身健体的功效。

✉ 北京市房山区史家营乡　🚌 乘917路公共汽车到房山换乘到史家营中巴可达，自驾走京石高速公路在108国道换行贾金路可到
📞 010-60319012　¥ 60元

26 韩村河旅游景区

京郊双文明第一村 ★★★★ 逛

✉ 北京市房山区韩村河镇　🚌 乘房29路公共汽车可达，自驾走京石高速公路在韩村河出口下高速

　　韩村河是一个以新农村景观为特色的旅游景区，它也是京郊著名的旅游景点，有着乡村都市的美誉。漫步在村头巷尾，看到的都是欧陆风格的别墅式建筑，这让人很难想象此地只是村镇景点，而现代化的蔬菜大棚、花卉基地和造型典雅的星级饭店、村办大学等建筑更让人赞叹不已。村内的公园是当地村民休闲娱乐的地方，那里的景观与城市中的普通公园毫无差别。这里还有介绍韩村河历史的展馆、俯瞰四周风景的观景台等。

27 银狐洞 75分!

水陆俱全的溶洞景观

★★★★★ 赏

银狐洞是一个水石交融的洞穴，那里洞中有洞、洞中有山、山中有洞、洞中有河，各种溶洞景观应有尽有，是一座名副其实的地下迷宫。这里最著名的景观当数极为罕见的大型晶体喀斯特岩溶石，它酷似一只拥有巨大尾巴的狐狸，所以有着"银狐"的美誉，这在全世界也是首次发现。银狐洞的可游览长度超过5000米，有着水陆兼备的游览观光路线，各种石钟乳、石笋、石柱、石旗、石盾、石幔等溶岩景观，琳琅满目，异彩纷呈，美不胜收。

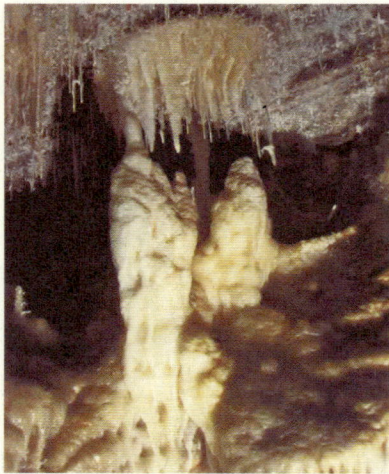

✉ 北京市房山区佛子庄下英水村 🚌 乘948路公共汽车到银狐洞路口下即达，自驾走京石高速公路在阎村大件路出口下高速，沿河北镇方向经东庄子可到 ☎ 010-60363236 ¥ 43元

28 良乡塔

历史悠久的古塔

★★★★ 赏

✉ 北京市房山区良乡镇多宝路 🚌 自驾走107国道至良乡路东

良乡塔是北京历史最为悠久的古塔之一，它始建于隋代，现在的主体建筑则是辽代重建的。这座古塔建于良乡镇东北的燎石岗上，造型为五层楼阁空心式，采用了砖木作为建筑材料，通高达47.05米，气势极为雄伟，是这一地区的制高点。游人们可以攀登古塔，欣赏刻绘在塔身墙壁上的花纹图案，还有供奉在佛龛中的佛像。来到良乡塔的顶部可以眺望北京市区的繁华风光，也能俯瞰周边地区的秀美山川。

29 白草畔
野三坡内的名景

★★★★ 赏

乘917路白草畔旅游专线车至白草畔,自驾走京石高速公路在阎村出口出高速,过坨里镇、河北镇后转108国道旧道可到

　　白草畔是著名景区野山坡内的最高峰,海拔1983米,是北京四大名峰之一,至今仍保留着原生态的自然环境。这里是感受大自然风情的好地方,茫茫的林海中很少有人类遗留的痕迹,新鲜的空气和连绵起伏的山谷让人心旷神怡。白草畔有着独特的安山岩石林景观,红色的嶙峋怪石形成独特的地质景观,那些造型奇异的岩柱让人大开眼界,叹为观止。这里还是欣赏山花的好地方,不同时节的山花各有特色,百花争艳的景观让人沉醉不已。

30 瑞云寺
始建于汉代的古寺

★★★★ 赏

　　瑞云寺被认为是北京最古老的寺庙之一,它始建于汉朝,之后曾多次毁坏重建,现在人们看到的殿堂是清代重建的,曾是我国的佛教名寺之一。寺庙的殿堂古朴典雅,有着幽静平和的氛围。天王殿、药师殿、菩萨殿这三座佛殿的造型相似,里面供奉的都是佛教的神灵。千佛阁高15米,气势极为雄伟,里面供奉着高达10米的铜铸千手千眼佛像。有趣的是这里曾在民国时代被改为道观,至今还留有大军阀曹锟所书的"瑞云观"三字牌匾。

北京市房山区史家营乡曹家房村　自驾走京石高速公路上108国道过九道河后右转向史家营方向可到

31 燕山公园

位于城区中心的山林公园

★★★★ 玩

📮 北京市房山区迎风中路 🚍 自驾走京石高速公路在阎村出口下高速后沿路标前往燕山石化可到

　　燕山公园是房山卫星城的中心公园，它是附近市民休闲放松的好地方，同时也具有一定的旅游观光功能。这里的林木茂密，小山上下有着很多奇石怪岩，它们与花草树木相辅相成，成为公园里的名景。燕龙亭位于西山的顶部，游人们在此可以俯瞰园区内的优美风光，也可沿着仿古长廊前往各处景点。这里的儿童乐园，设施众多，是亲子出游的好地方，而摩天轮、游龙、双人飞天、高空脚踏车等游乐项目也颇受年轻人的欢迎。

32 窦店土城

古代城墙的遗迹

★★★★ 赏

📮 北京市房山区窦店镇 🚍 乘917支路公共汽车到窦店镇站下车，换乘小巴前往，自驾走京石高速公路在窦店出口下高速后过窦店镇向西可到

　　窦店土城是北京地区建造历史最为古老的城墙遗址之一，它的历史可以追溯到战国末期至西汉时期，虽然大部分城墙已经荡然无存，但剩下的部分景观，仍能让人领略到它曾拥有过的壮观气势。这里现在只残留着城墙内部的夯土，外侧的条石大都已经消失了，但依然层次分明，内外城结构清晰。子城是这里的核心部分，那里挖掘出了许多汉代的碎陶片等文物。

33 黄辛庄行宫
乾隆皇帝的行宫

✉ 北京市房山区良乡镇北黄辛庄村
🚗 自驾走107国道在良乡路向东可到

★★★★ 赏

　　清乾隆皇帝是我国历史上最喜欢出游作乐的皇帝，所以他的行宫很多，黄辛庄的这处行宫被认为是他前往清西陵进行祭拜时的休息场所。这座行宫虽然建于乾隆年间，但各处建筑物基本都无影无踪了，只剩下一座假山和一棵古柏，正在默默地诉说着这里曾拥有过的辉煌。现在的黄辛庄行宫是当地的一处街区公园，附近的居民常在此进行健身等休闲活动，还是孩子们嬉戏游乐的好地方。

34 蒲洼狩猎场北京天龙山庄
北京著名的狩猎场

★★★★ 玩

　　蒲洼狩猎场是北京郊外的一处大型狩猎场，它的总面积高达333.3万平方米，设施齐全，装备先进，可供狩猎的野生动物众多。这里武器种类较多，游人既可以用猎枪捕猎，还

✉ 北京市房山区蒲洼乡黄土岭90号　🚌 乘房山19路到蒲洼狩猎场下　📞 010-61371400

可以选择传统的弓弩进行狩猎，体会古代猎人们的感觉。蒲洼狩猎场既有传统的自由狩猎区，也有适合新手的封闭式靶台猎区，而飞碟区则是练习枪法的好地方。

大赏京郊

北京郊游攻略 How

北京郊游攻略 大兴区

大兴的西瓜北京闻名，而大兴区最负盛名的就是这里每年夏天举办的西瓜节，堪称大兴旅游观光的王牌节目。

大兴区 特别看点！

第1名！
北京野生动物园！
100分！

★ 大型自然生态公园，观赏野生动物的自然生态！

第2名！
中华文化园！
90分！

★ 以弘扬中华民族悠久的历史文化为主题！

第3名！
半壁店森林公园！
75分！

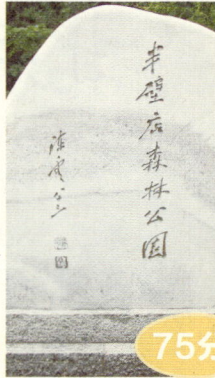

★ 北京地区面积最大的森林，林木茂密的北京之肺！

---

1 南海子麋鹿苑

我国第一座散养方式的麋鹿保护区

★★★★ 赏

南海子麋鹿苑位于大兴区鹿圈乡三海子，是我国第一座以散养方式为主的麋鹿自然保护区。南海子拥有丰沛的水草和大片沼泽，是麋鹿生息的最好地方，因此这

里的麋鹿群很快就从最初的20多只迅速增长到现在的200多只，成为世界上第二大麋鹿保护区。此外，这里还特别引进了豚鹿、梅花鹿、白唇鹿、马鹿、水鹿、狍等鹿科动物，使得麋鹿苑成为一处介绍鹿科动物的博物馆。如今人们可以在这里看到鹿儿们在湖边闲庭信步，也可以通过各种资料了解它们的生活。

✉北京市大兴区鹿圈乡三海子 🚌乘大兴支1路公共汽车在南海子郊野公园公交站下，自驾由五环路亦庄出口往南行约3千米 ☎010-87962107

2 北京野生动物园 (100分!)

大型自然生态公园 ★★★★★ 玩

✉北京市大兴区榆垡镇 🚌乘943路公共汽车在东胡林下，自驾从玉泉营环岛上京开高速，到榆垡出口下，至瓜乡桥左拐行14千米左右即达 ☎010-89216666 ¥80元

北京野生动物园位于大兴区榆垡镇的万亩森林之中，是一座集动物保护、野生动物驯养繁殖及科普教育等为一体的大型自然生态公园。在动物园里饲养了200多种1万多只的野生动物，其中还有不少是我国珍稀的保护品种。长颈鹿、东北虎、鬼狒狒、黑猩猩、丹顶鹤等一起和谐地生活在同一个充满野趣的世界中，达到了动物和大自然的融合。此外公园里还设有散放观赏区、步行观赏区、动物表演娱乐区、科普教育区和儿童动物园等，无论大人小孩都能在这儿寻得自己的乐趣。

3 晾鹰台
古时帝王的游猎阅兵之处 ★★★★ 赏

📧 北京市大兴区南海子　🚌 乘大兴31路公共汽车在杜庆堂下，自驾走五环路亦庄出口往南行约5千米即达

　　晾鹰台位于南海子南部，元朝皇帝曾经在这里设置鹰坊和仁虞院，以继续他们的游牧传统。到了明朝这里便被称为晾鹰台。到了清朝，这里除了是皇帝游猎的重要场所外，还兼具着练兵的作用。在各种史料和留下来的古代画作上，经常可以看到皇帝们在这里打猎阅兵的画面，场面极为浩大。晾鹰台占地2万多平方米，高数十米，是由黄土垒成，登上台顶，放眼四望，周围广阔的天地如在眼前，人的胸怀也好像一下子就变得开阔了。

4 中国西瓜博物馆
以介绍西瓜为主的特色博物馆 ★★★★ 赏

📧 北京市大兴区庞各庄　🚌 乘842路、937路公共汽车在庞各庄站下，自驾京开高速路至大兴黄村，走通黄路至磁大路出口右转，前行18千米，沿路标行驶　📞010-89281181　💰20元

　　中国西瓜博物馆是位于大兴的一处很有特色的博物馆，它的造型就好像一个带翅膀的西瓜一样，令人印象深刻。这座博物馆占地2.2万平方米，主建筑分作上下两层，一楼的大厅主要展示了我国西瓜种植的文化历史和西瓜种植技术快速发展的时代主题，从大厅可以前往东西两个展馆，这两个展馆全长400多米，主要展出了西瓜历史、西瓜种植、西瓜科技、西瓜文化、北京大兴西瓜节等内容，此外各种图片、标本、模型等更是不计其数，堪称是一处西瓜的大集粹。

5 半壁店森林公园 `75分!`
北京地区面积最大的森林 ★★★★ 赏

📧 北京市大兴区黄村以南　🚌 乘937路星明湖东线到半壁店森林公园下，自驾从玉泉营环岛上京开高速，到黄村后南行至环岛往东，见加油站正南即达　📞010-89231818　💰6元

　　半壁店森林公园位于大兴黄村以南，这里是北京地区面积最大的森林之一，占地180多公顷。这片森林大部分是由沙地绿化而形成，先后栽种了杨树、柳树、松树、柏树、槐树、雪松、梨、苹果等树木约20种，如今这里早已不再是黄沙漫天，而是草木清香，空气清新，一派田园风光。园中还设有狩猎场、柏树园、森林迷宫、快活林野餐、森林酒吧、养鹿场以及各种小卖部等，提供各种服务，游客在这里不管是玩还是吃都能尽兴而归。

6 中华文化园 _{90分!}

介绍我国五千年文化

★★★★ 赏

📧 北京市大兴区优龙路黄村镇明春苑春泽院2号 🚌 乘480路、967路公共汽车在长丰园二区下，自驾从玉泉营环岛沿京开快速至良乡西红门出口，西行至京良路5000米处即达 ☎ 010-61224628 ¥ 68元

　　中华文化园是以弘扬中华民族悠久的历史文化为主题，集文化、教育、娱乐、休闲为一体的主题公园。在约34万平方米的园区内，主要分作"一魂三园四中心"等几个部分，其中"一魂"是指"中华魂"艺术墙。而"三园"则为静园、动园和忆贤园。特别是在长2300米的中华魂艺术墙，这里通过一排排雕刻，将我国上下五千年历史展示得淋漓尽致，各种传统文化在这里尽显无遗，让每个人看过以后都对我国悠久的历史文化充满了自豪感。

7 团河行宫遗址

清朝皇帝的行宫

★★★★ 赏

团河行宫遗址位于大兴团河村，建于清乾隆年间。因为在行宫范围内有团河的源头团泊，因此而得名团河行宫。这座行宫主要分东西两部分，其中东部是宫殿区，外面还有河流围绕，通过设在南部的石桥过大门进入后，可以在这里看到皇帝休息的寝宫涵道斋，大臣们议事用的璇源堂，太后居住的清怀堂，后妃居住的储秀宫。宫殿群后部还有御花园等部分。而西部则是以西湖为中心的园林部分，沿湖有云随亭、漪鉴轩、珠源寺、御碑亭、归云岫、狎鸥舫、濯月漪、船坞等建筑。自清乾隆后，历代皇帝前往谒陵祭祖都会居住在此，地位十分重要。

📮 北京市大兴区团河路 🚌 乘369路公共汽车到团河行宫下，自驾从玉泉营环岛上京开高速，到新发地北桥下，至南苑西路、团河路即达 📞 010-61285873

8 中国印刷博物馆

介绍我国的四大发明之一

★★★★ 赏

印刷术是我国的四大发明之一，自古以来我国就拥有十分先进的印刷技术。位于大兴的中国印刷博物馆就是向人们详细介绍我国印刷术的产生、发展及未来的博物馆。这座博物馆占地8100多平方米，主要设有"源头古代馆"、"近现代馆"、"印刷设备馆"和"综合馆"等各个专题展馆，是目前

📮 北京市大兴区兴华北路25号北京印刷学院内 🚌 乘地铁大兴线在清源路站下走A出口，自驾由玉泉营环岛上京开高速到黄村即达 📞 010-60261049

世界上规模最大的印刷专业博物馆。博物馆内有很多展品都是稀世珍品，包括唐代武周时期的《妙法莲华经》、《如来佛寿品第十六》残卷等都是展示我国古代出色的印刷技术的活例证，极具历史价值。

9 北普陀影视城

大型多功能影视城

★★★★ 玩

📧 北京市大兴区京福路西红门　🚌 乘341路公共汽车在北普陀影视城下，自驾从玉泉营环岛上京开高速，到黄村出口，南行到环岛，再往东直行即达　📞 010-67279996

　　位于大兴南宫村的北普陀影视城是继无锡影视城和涿州影视城之后的又一处集旅游观光、影视拍摄、影视培训、会议招待、文化交流为一体的大型多功能影视城。影视城中的建筑主要以明、清时期风格为主，其中拥有20多个景区，50多处景观。在这些景观中，以红楼梦园最为出名，园中很多建筑都是仿照小说中的描述而建的，让人仿佛真的进入了小说中的世界一般。此外，这里还有蒙古茶包、天桥把式、乔装花会、绣球临幸等充满民俗味的活动，十分有趣。

10 北京航天科普教育基地

在观摩航天技术的同时不忘身心的锻炼

★★★★ 赏

　　北京航天科普教育基地位于大兴庞各庄梨花庄园中，周围就是一望无际的万亩梨园，景色十分优美。春天这里梨花开放，洁白似雪，而夏秋时节，梨儿成熟，更是泛出一片片香气。在教育基地里设有农具展览馆、拓展基地、采摘园等部分，每个人都能在这里体验到种植与收获的乐趣，还能通过拓展训练锻炼自己的身心，一举两得。此外各种航空航天科普教育、航天农业观光等项目也是不容错过的，人们还能看到火箭放飞等表演。如果累了，还能体验一把太空餐的滋味，一定让人回味无穷。

📧 北京市大兴区庞各庄镇　🚌 乘大兴22路在梨花村口站下，自驾走京开高速一梨花桥出口一梨花桥右转上桥西行一航天科普教育基地　📞 010-89259616

11 北京濒危动物中心

参观各种濒危动物

★★★★ 赏

✉北京市大兴区永定河畔万亩林区 🚍自驾走京开高速公路在北京段出口前行可到，乘943路公共汽车在东湖林站下 ￥20元

北京濒危动物中心位于永定河畔万亩林区的核心之中，这里以散养的方式饲养着40余种2000余只野生动物，其中金丝猴、褐马鸡、绿尾虹雉等是我国濒危的一级保护动物，如今在这里已经形成了全国最大的饲养种群。在这里除了有金丝猴、白马鸡、雪豹、乌苏里貂、狐猴、澳洲鸵鸟等专属的园区外，还有猕猴山、森林有蹄类园区等多种动物混杂的园区，甚至还设置了一处灭绝动物的墓园，在这里可以看到无数湮没在人类历史中的动物的墓碑，让人看后无比心酸。

12 御林古桑园

汉朝开始就有的桑树林

★★★★ 赏

✉北京市大兴区安定镇高店村 🚍大兴长途汽车站乘兴17路可到，自驾走南六环，从南大红门出口出来向南，沿104国道，过青云店镇政府向南2千米即可见到古桑园指示牌，沿指示牌即可到达 ☎010-80233242 ￥40元

御林古桑园位于北京市大兴区安定镇前野厂村，是整个华北地区规模最大的桑树林，据说从汉朝起这里就开始种植桑树了。在这片数百亩大小的园子里种植着大大小小的桑树，由于桑树的自然特性，不会遭受病虫害，也无须使用农药，所以一切都是纯天然的。每到夏天，巨大的树荫不知道给多少人带来了清凉。而桑树上结出的累累桑葚，更是人们消暑解渴的佳品。这里虽然比不上名山大川的气势磅礴，却给人带来一种悠闲惬意的感觉，让人流连忘返。

13 无碍禅师塔

元朝古塔 ★★★★ 赏

📧 北京市大兴区榆垡镇履磕村　🚍 自驾走京开高速公路在黄垡桥出口下高速后向西可到，乘842路公共汽车在履磕村下

　　无碍禅师塔位于大兴榆垡镇履磕村的灵言寺内，如今寺庙早已不见踪迹，但是宝塔却留存了下来。这座宝塔建于元朝，是当时的大德高僧无碍禅师的墓塔。宝塔坐北朝南，是一座六角形刻砖仿木构实心塔。塔身置于莲花瓣上，以下为须弥座。塔身上部为密檐六层，每层檐下施单翘斗拱，从下至上逐层内收，结构十分细致。近代为了保护这座宝塔，还特别在塔身周围增建了平台。不过宝塔在1976年唐山地震时被折损，目前仅剩下约10米高的塔身，2003年时重新修复完成。

14 留民营村

中国生态农业第一村 ★★★★ 赏

　　留民营村位于大兴区长子营镇，这个村子面积不大，人口也只有千人左右，但它却是我国最早实施生态农业建设和研究的试点单位，被誉为"中国生态农业第一村"。这里通过大力开发和利用新兴能源，同时调整产业结构，保护生态环境，因此在这里看不到一丝黑烟，也听不到一点机器的轰鸣，有的只是那淳朴的田园风情和人们顺应自然的生活。此外，这里还时常举办各种民俗活动，留民营大鼓和千人饺子宴等都是人们耳熟能详的活动。

📧 北京市大兴区长子营镇　🚍 大兴长途汽车站乘大兴19路公共汽车在留民营站下，自驾走京津塘高速马驹桥出口，向南行驶2千米即达　📞 010-80266005

大赏京郊

北京郊游攻略HOW

北京郊游攻略

丰台区

丰台区自古是燕蓟故郡，各种历史悠久的人文景观荟萃，其中最负盛名的当数永定河上的卢沟桥，同时也是燕京八景之一"卢沟晓月"所在地。

丰台区 特别看点！

第1名！
卢沟桥！
100分！

★ 见证历史的千古名桥，数一数卢沟桥的石狮子！

第2名！
南宫旅游景区！
90分！

★ 北京最好的生态旅游度假区之一，独特的地热资源休闲疗养景区！

第3名！
大葆台汉墓！
75分！

★ 别具一格的西汉王陵，了解古代王陵的规格与出土文物！

---

1 ## 卢沟桥 (100分！)
见证历史的千古名桥
★★★★★ 赏

横跨永定河的卢沟桥是北京地区第一名桥，它建于金大定年间，迄今已有800多年的历史，"卢沟晓月"从金代就被列为"燕京八景"之一。这座大桥最著名的景观是两侧

📮北京市丰台区卢沟桥城南街77号 🚌乘309、339、458、624路公共汽车在卢沟新桥下往北200米到，自驾走107国道，卢沟桥下道，进宛平城出西门即达 ☎010-83894614 ￥20元

护栏上的石狮，它们位于281根造型精美的望柱之上，现在保存下来的有501只，形态各不相同，这些石狮多为明清时期的产物，也有少量的金元遗存。卢沟桥还是中国的历史名桥，它曾经接待过大旅行家马可·波罗，是东西方友好交流的见证者；而在这里爆发的"卢沟桥事变"，则点燃了全面抗战的烽火，桥身上至今仍残留有战争的痕迹。

2 中国人民抗日战争纪念馆

纪念伟大的抗日战争 ★★★★★ 赏

中国人民抗日战争纪念馆位于宛平城内，是一个以抗战为主题的大型展馆。这个展馆距卢沟桥仅500米，它的造型典雅大方，采用了中国传统的建筑风格，给人以庄严肃穆的感觉。展馆设有四个展厅，"综合厅"高度概述了抗日战争的全部历程，详尽地介绍了自"九一八事变"开始到日军投降时的重大历史事件，"日军暴行厅"再现了日军、伪军、汉奸们各种暴行。"人民战争厅"和"抗日英烈厅"里展出了许多珍贵的图片和实物资料，那里采用了形象图表及现场复原等形式，组成立体空间，给观众留下直观印象。

📮北京市丰台区城内街101 🚌乘310、339、458、624路公共汽车在抗战雕塑园站下，自驾走107国道，卢沟桥下道，进宛平城即达 ☎010-83893163

3 宛平城

北京的外围门户

★★★★★ 赏

宛平城建于明崇祯年间，长期以来一直起着拱卫北京的作用，震惊世界的"七七事变"就爆发在这里。这里的旅游景点众多，造型优美的卢沟桥就在城外的永定河上，桥上望柱的石狮造型各异，其美名四海传扬。宛平的古城墙得到了完好的保存，它们是华北地区唯一保存完整的两开门卫城。漫步在古老的青石板街道上可以看到清代和民国时期的老建筑，城内还有长辛店"二七"纪念馆、抗日战争纪念馆、卢沟桥史料陈列馆、宛平县署旧址等景点。

✉北京市丰台区卢沟桥景区　🚌乘310、339、458、624路公共汽车在抗战雕塑园站下，自驾走107国道，卢沟桥下道，进宛平城即达

4 北宫国家森林公园

山峦起伏的公园

★★★★ 赏

北宫国家森林公园是北京著名的自然风景区之一，它是以优美的山林风光而著称的。这里的地形复杂，峰谷相连，林木茂密，茂密的草丛中盛开朵朵鲜花，清澈的溪流在山间流淌，是野生动物们的乐园。漫步在公园里，可以呼吸到都市中少有的新鲜空气，享受森林沐浴，而五彩斑斓的枫林路，绚丽多彩的宿根花卉园，远近闻名的京西神泉都会出现在人们面前。一座座掩映在山林之中的亭台楼阁，甍栋参差，站在观景台上还能瞭望北京的繁华风光。

✉北京市丰台区辛庄大灰厂东路55号　🚌乘843、385路公共汽车在北宫国家森林公园站下，自驾走京石高速至杜家坎出口，沿杜家坎环岛路经长辛店大灰厂方向；走莲石路，水屯下主路沿辅路西行　💰淡季5元，旺季10元

5 鹰山森林公园

距离北京市区最近的森林公园

★★★★ 赏

　　鹰山森林公园原本是一片荒山野岭，在20世纪80年代开始的植树造林活动让它成为一处林木茂密的风景区。来到这里的游人们可以放松身心，进行野炊、露营等娱乐休闲活动，还可以在林中漫步，累了的时候能够到小木屋中休息一番。鹰山森林公园是参加定向运动的好地方，这种集健身、探险等元素于一体的体育活动，正受到广大青年人和驴友们的欢迎。这里的松鼠、兔子等小动物是放养在大自然中的，游客们可以与它们亲密接触。

📧 北京市丰台区长辛店芦井村 🚌 乘327、385路在芦井站下，自驾走108国道过永定河桥即达
📞 010-83876953 　💰 5元

6 八一射击场

体验射击乐趣的地方

★★★★ 玩

　　真人射击是近年来从国外传来的娱乐项目，八一射击场是北京最好的射击场之一，它可以同时容纳几百名玩家进行对战游戏。这里的枪种众多，参加者可以任意选择自己所需要的武器，在枪林弹雨中一显身手。射击场有固定靶区，那里是新手学习使用枪械和射击姿势的好地方。这里还有适合CS玩家和军迷们进行对战的场所，它包含了丛林野战、城市巷战等多种专用场地，可以进行多种方式的游戏对战，因此来到这里的人们常会乐此不疲，流连忘返。

📧 北京市丰台区长辛店射击场路12号 🚌 乘327、385路公共汽车在八一射击场站下，自驾由西客站莲石路向西可达 📞 010-66852222

7 万龙八易滑雪场

位于北京市区内的滑雪场

★★★★ 玩

北京市丰台区长辛店射击场路12号 乘327、385路公共汽车在八一射击场站下，自驾由西客站莲石路向西可达 ☎010-66063838

万龙八易滑雪场是一个大型室外滑雪场，既有适合新手玩家的初级赛道，也有让高手们一显身手的中高级赛道，单板练习道和雪圈道也颇受人们的青睐。这个滑雪场位于北京西五环与西六环之间，交通十分便利，能让滑雪爱好者不必遭受奔波之苦。万龙八易滑雪场设施先进，雪质也颇为不错，特别适合初学者们学习和情侣间的约会。这个滑雪场还设有独特的雪上飞碟射击项目，能够让游人体验到别样的乐趣。

8 大葆台汉墓 75分!

西汉初期的诸侯王陵

★★★★★ 赏

大葆台汉墓是西汉燕王刘建的陵墓，它是我国已发掘的古墓中极为少见的汉代诸侯王陵，其地宫由梓宫、便房、黄肠题凑等建筑构成，现在在原址上建立了博物馆。来到博物馆里可以看到众多的展品，其中既有从这里出土的珍贵文物，也有中国历代帝王陵展览，还有别具一格的可参与项目，如模拟考古活动等。景区内最珍贵的展品当数作为陪葬物的"朱斑轮青盖车"，它是当时专供皇太子及诸侯王乘坐的车辆，造型华美异常。

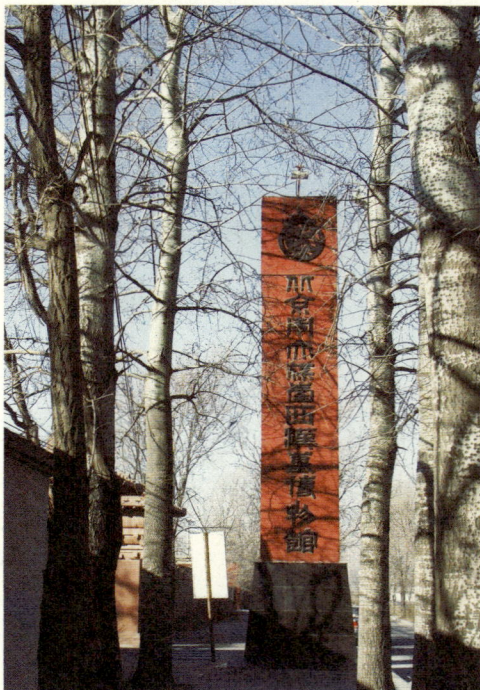

北京市丰台区花乡郭公庄南 乘692路在总站下，乘地铁房山线在大葆台下，自驾从京石高速狼垡站口下，南行过世界公园，丁字路口向东即达 ☎010-83612852

9 八一电影制片厂影视基地
拍摄战争电影的重要外景地 ★★★★★ 赏

　　八一电影制片厂影视基地是一个新兴的旅游景区，以《集结号》为代表的诸多军事题材的影视剧的外景都是在这里拍摄的。来到这里的游客可以看到正在拍摄中的影视剧，运气好的话可以看到屏幕中经常见到的面孔。这个影视基地还是北京著名的真人射击游戏场所，热衷CS、CF的年轻人们会在这里进行如火如荼的枪战，复杂的地形、品种齐全的武器和完善的防护设施，能够让人玩得淋漓尽致。

✉ 北京市丰台区王佐镇　🚌 乘321路在总站下，自驾沿三环到六里桥、四环到岳各庄、五环上京石高速经过杜家坎收费站，第一个出口赵辛店云岗出口下高速直行，或第二出口(南宫出口)直行即可。沿107国道前行，见第二个红绿灯右转(路口两侧可见南宫旅游景区路牌) ☎ 010-83393598　¥ 20元

10 千灵山风景区
北京地区最大的石窟造像景点 ★★★★ 玩

　　千灵山风景区位于北京的西南部，那里山高林密，景色秀美，是休闲放松、观光旅游的好地方。千灵山上洞窟众多，流传着不少传说逸事，观音洞是诸洞中最大的一个，相传战国名将庞涓曾在此洞内读书习武，洞的内部则保持着原始的天然景观。极乐洞内供奉着佛教的罗汉像；关公洞内正中供奉着关羽，两侧则是关平和周仓，该洞也是千灵山上香火最旺盛的地方。古朴典雅的护国宝塔是这里的名景之一，它虽然不高，但塔身上佛像和装饰都精美无比。

✉ 北京市丰台区王佐镇　🚌 乘321、339、458、662路公共汽车在南宫市场换乘550路公共汽车在后甫营站下，自驾沿三环到六里桥、四环到岳各庄上京石高速经过杜家坎收费站，到第二个出口(王佐南宫出口)右转前行，第一个红绿灯是长青路，向左直行至西王佐南路，直行至大灰厂路沙锅村口，向左6千米即达 ☎ 010-83870645　¥ 45元

11 辽金城垣博物馆

辽金时期的城墙遗址

★★★★★ 赏

北京市丰台区玉林小区甲40号　乘19、48、458路公共汽车可到，自驾走右安门外大街玉林小区内　010-63054991

辽金城垣博物馆是北京著名的博物馆之一，它建筑在金中都南城垣水关遗址处，其造型独特，颇有后现代建筑艺术的风范。这个博物馆里最具看点的展品就是金代城墙遗址，它为木石结构，全长43.4米，过水涵洞长21米，宽7.7米，是我国罕见的古代水关遗址。展馆内的单元很多，它们不仅介绍了水关历史渊源，还揭示了该处遗址的发现过程。漫步在博物馆内可以看到这里及附近地区出土的各种文物，它们主要以辽金时期的文物为主。

12 南宫旅游景区

90分！

北京最好的生态旅游度假区之一

★★★★★ 玩

北京市丰台区王佐镇南宫村　乘321、458、836区、951路公共汽车可到，自驾由三环到六里桥、四环到岳各庄、五环上京石高速经过杜家坎收费站，第一个出口赵辛店云岗出口下高速直行，或第二出口(南宫出口)直行即可。沿107国道前行，见第二个红绿灯右转(路口两侧可见南宫旅游景区路牌)　010-83316030

南宫旅游景区是一个多功能旅游景区，来到这里的人们既可以在山林中休闲放松，也可以亲身体验淳朴的田园风情，还能到温泉池中浸泡一番。景区内的景点众多，游人们可以前往千灵山欣赏那里的各种自然与人文景观，也能泛舟青龙湖上，看着成群结队的白天鹅和野鸭在凫水嬉戏。景区内还准备了丰富的民俗文化活动，热闹欢快的怪村太平鼓已有200多年的历史，米粮屯高跷会和洛平村霸王鞭也都是很有趣味的活动。

世界地热博览园

独特的地热博物馆

世界地热博览园是一个集科普观光、休闲度假、强身健体等多功能的综合性景区，是人们放松身心、消解压力的好地方。地热科普展览中心介绍了地热资源的形成，地热温泉对人体的各种疗效，不同时代对地热资源的利用方式。温室公园则是采摘的好地方，里面的各种瓜果逆时令出现，能满足人们的口腹之欲。

✿ 南宫温泉垂钓中心
悠然自得的钓鱼区

　　随着现代社会生活节奏的加快，钓鱼成为越来越多的人们进行休闲放松的娱乐方式，南宫温泉垂钓中心就是一个让人享受钓鱼乐趣的好地方。这里有5个普通垂钓池和2个高档垂钓池，不仅放养着我国常见的草、鲤、鲢、黑等鱼类，还有来自海外的巴西鲷、彩虹鲷、罗非、泰国蓝鲨等珍贵鱼种。这里的餐厅则是品尝水产品的好地方。

✿ 南宫温泉养生中心
强身健体的温泉浴池

　　南宫温泉养生中心是人们放松身心，沐浴休闲的好地方，它分为木浴区、桑拿区、药浴区、室外泡汤区、冲击浴区、运动休闲区等多个区域，能够满足不同顾客的需求。这里的水质上佳，室内四季皆春，非常舒适。养生中心内的设施完善，还设有餐厅、酒吧、客房、桑拿、按摩及美容美发等功能区。

13 中华航天博物馆
展示中国航天事业发展的博物馆 ★★★★ 赏

📍北京市丰台区大红门路1号　🚌乘343、324路公共汽车在东高地下　📞010-68384455　💰30元

　　中华航天博物馆是北京最具特色的博物馆之一，来到这里的游客可以直观地了解到我国航天事业的发展过程。两层巨大的展厅分为十多个展区，这里有翔实的资料，丰富的实物与模型，能够给参观者带来直观的感受。运载火箭、载人航天、人造卫星、航天器、月球探测等展区是介绍航天器具和航天意义的地方，火箭发射演示厅则是最受游人欢迎的展厅，中国航天形象、航天集团综合简介等展厅则是介绍中国现代航天事业情况的展厅，古代航天探测、未来航天展望等则能让人了解到航天事业的过去与未来。

大赏
京郊

北京郊游

京日

攻略TOW

北京郊游攻略 通州区

历史上曾经商贾云集的通州自古
是京杭大运河的北起点，素有"一京
二卫三通州"的说法，现今通州依旧
以其古老的运河文化和古朴的民俗
风情吸引众多游人光顾。

通州区 特别看点！

第1名！
通州运河公园！

100分！

★ 京杭大运河最北端的运河公园，京东面积最大的城市公园！

第2名！
西海子公园！

90分！

★ 北京郊区的水上乐园，碧波荡漾的湖水！

第3名！
燃灯塔！

75分！

★ 历史悠久的古塔，"通州八景"之一！

---

1 通州运河公园 100分！

京杭大运河最北端的运河公园

★★★★★ 赏

通州运河公园是北京东部最大的城市公园，它既是外地游客旅游观光的景区，又是当地民众休闲放松的场所。同时还可以进行娱乐教育、体育竞技健身等活动。这里最重要的景观就是碧波

✉ 北京市通州区古运河畔　🚌 乘322、342、728路公共汽车在东关大桥站下，自驾走京通快速路到通州，然后至通州北苑，东关大桥北即达　☎ 010-80855509

荡漾的大运河，它曾是千帆并进的河道，现在则给人们留下关于隋炀帝历史功过的畅想。运河公园里的游乐方式众多，游人们在此可以乘船欣赏两岸风光，也能在草坪漫步，呼吸新鲜空气，造型各异的雕像让人大开眼界，还可以在此进行野营烧烤活动。

2 漕运码头
古代运河的重要枢纽
★★★★ 赏

北京市通州区古运河畔　乘322、342路公共汽车可到，自驾从京通快速公路，到北苑，向东穿过新华大街东桥即达

通州取自"漕运通济"之意，自古就是京杭大运河漕运的终点，而通州运河则被称为北运河，这里的码头也是南北物资的中转站，旧时曾经是一片繁忙热闹的景象，既有皇家专用的码头，也有各行业货商使用的码头，以及众多仓库。现今在漕运码头立有一尊高4米、名为仙船遗锚的锚形铜质雕塑，向游人标示这里曾经是古运河的重要节点。

3 永通桥
见证悲怆历史的古桥
★★★★ 赏

永通桥就是大名鼎鼎的八里桥，它是清代时拱卫京师的四大桥之一，也是中国近代史上的一处重要战场。这座古桥横跨通惠河，于明正统十一年（1446年）建成，既见证了明清两代的易鼎，也目睹了中华大地为外敌所凌辱的过程，1860年8月12日，中国军民在此浴血奋战，抗击英法联军入侵北京，固守长桥，捍卫京师，谱写了抗战的光辉篇章。永通桥是一座石拱桥，造型古朴典雅，各处装饰十分精美，它和卢沟桥一样，望柱上雕刻着形态各异的石狮。桥的中拱跨度很大，高达8.5米，宽为6.7米，两次孔仅高3.5米，这是为了满足当时漕运船只通行的需要。

北京市通州区通惠河畔　乘312路公共汽车在八里桥站下，自驾走京通快速公路直达

4 西海子公园 （90分！）

北京郊区的水上乐园

★★★★ 玩

北京市通州区西海子西街12号　乘322路公共汽车在新华大街下，自驾从京通快速公路，北苑环岛向东，从第三个路口北行约10千米即达

010-69541569

西海子公园是北京著名的水陆公园，它早在民国时期就有了一定规模，并在新中国成立后得到了进一步发展。这里的假山是由湖泥堆积而成，虽然不高，但是站在上面仍然可以俯瞰园内的风景。泛舟湖上的时候，可以看到活泼可爱的鱼儿在游来游去，波光粼粼的湖面上倒映着蓝天白云，令人心旷神怡，舒畅无比。儿童乐园是孩子们最喜欢去的地方，有碰碰车、海盗船、疯狂老鼠等娱乐项目。园区内还有古老的燃灯塔和大思想家李贽的墓地。

5 燃灯塔 （75分！）

历史悠久的古塔

★★★★ 赏

燃灯塔又名燃灯佛舍利塔，它建于南北朝后期，迄今已有1300多年的历史，一直名列"通州八景"之中。这座古塔曾经遭受多次毁坏重建，但仍保持着华美的风貌，艺术价值极高。燃灯塔高约49米，塔基须弥座呈莲花形，周长为38.4米，现在禁止入内参观。这座古塔遍布着精美的图案和造型各异的104尊佛像，高塔的每椽各悬铜铃一枚，共2232枚之多，每到清风徐来之时，清脆悦耳的铜铃声便会响彻在公园上空。

北京市通州区通州北城　乘322、342、435路公共汽车在新华大街下，从三教庙进入，自驾走京通快速公路直达　¥3元

6 通州清真寺

北京的四大清真寺之一　★★★★ 赏

北京市通州区回民胡同1号　乘2、342路公共汽车在新华大街站下或乘通12路在人民商厦下，自驾从京通快速公路，至通州新华大街，再向南往东进清真寺胡同即达

　　通州清真寺始建于元代，后在明清时期多次重建，才有了现在的庞大规模。这座清真寺采用了中国的传统建筑风格，但又不乏伊斯兰式建筑元素，造型典雅大方，各处装饰精美无比。走进院落内随处可以看到两种不同文化交融后留下的痕迹，垂花门、勾连搭二卷，苏式彩画玲珑精美。这里的正殿是礼拜堂，它看起来与中国传统的宫殿建筑毫无区别，只有顶部小圆顶才流露出它的伊斯兰"血统"。

7 大运河水梦园

位于大运河古道上的公园　★★★★ 赏

北京市通州区潞城镇七级村　乘804路公共汽车在南刘各庄村站下，自驾：(1)沿京通快速路过通州新华大街到东关大桥东直行见路标；(2)走京哈快速从潞城出口南行到胡各庄镇三岔口见右手路标指示；(3)从运河西大街东行过运河桥顺路走运河东大街行驶见路标指示　010-89581246　20元

　　大运河水梦园是一个赏今怀古的公园，来到这里的游客既能参加各种水上娱乐活动，也能漫步在古河道上，追思大运河的前世今生。水上娱乐区是这里的核心景点，游客们在此可以休闲垂钓，也能漫步于河畔的长廊中欣赏四周美景，脚踏小船、竹排、碰碰船是孩子们的最爱。自然风景区里既有儿童娱乐中心，也有仿古而建的"临湖草堂"和"百步廊"、"古街"等景点，同时还是品尝农家乐的好地方。田园文化区、民族民俗区和文化科普区也是各有特色的景点。

8 张家湾清真寺

中式风格的清真寺　★★★★ 赏

北京市通州区张家湾镇西街　乘14、通25路公共汽车在张家湾下，自驾走八通轻轨沿线至土桥终点站右拐4千米，沿线标行驶即达

　　张家湾是回族聚居的地方，而历史悠久的张家湾清真寺就是当地伊斯兰教徒的信仰中心。这座清真寺的主体建筑是礼拜殿，它是一座典型的中式殿堂建筑，造型典雅大方，飞檐翘壁和雕梁画栋等元素一应俱全，室内的装饰彩画精美，檩头砖雕别致，嵌山方圆木窗活泼，井口天花鲜艳整洁。院内原有4棵巨大的古柏，其中一棵在1860年当地的居民抵抗英法联军的入侵时毁于战火之中。

9 通运桥

小巧玲珑的石拱桥

★★★★ 赏

📮北京市通州区张家湾镇 🚌乘312路公共汽车在八里桥下，自驾走八通轻轨沿线至土桥终点站右拐4千米，沿路标行驶即达

　　通运桥是通州郊区的名桥之一，它虽然没有雄伟壮观的气势，却有精致秀美的造型，是当地的胜景之一。这座古桥建于明万历年间，迄今已有400多年的历史，位于大运河支流之上。通运桥是一座三券平面石桥，两侧的青砂岩石栏中各有18根海棠望柱，而那一只只形态各异的石狮就位于其上。通运桥得到了很好的保养，虽历经岁月的洗礼，但坚固如昔，一直是来往于张家湾两岸的必经之地。

10 月亮河度假村

位于京郊的休闲度假村

★★★★★ 娱

　　月亮河度假村是一个以月亮河酒店为核心的休闲度假区，它是我国内地最早的四星级酒店之一，设施完善，不同风味的餐厅可以满足各地游客的需求，而设备完善的高尔夫球练习场等娱乐场所又会让人赞不绝口。这里毗邻大运河文化广场，四周的旅游景点很多，交通极为便利。度假村位于森林生态公园内，许多客房都掩映在茂密的树林之中，客人们居住在那里，会得到心旷神怡的感觉。

📮北京市通州区月亮河滨路1号 🚌乘322、804路公共汽车在东关大桥站下，自驾走京通快速路在北关环岛进入京哈高速后在第一出口下高速，右拐即可到达 📞010-89523737

11 宋庄画家村
艺术家们聚居的地方

★★★★ 逛

宋庄原本是一个平凡无奇的小村，但近十年来，这里成为绘画艺术家们聚居的地方，他们在这里磨炼技艺，品评画作，让这个古老的小村充满了艺术的气息。漫步在村庄内，可以感受到这里努力营造的"艺术理想国"的氛围。村庄里还有一些刚建不久的画廊，里面展出的都是宋庄画家们所创作的精品，吸引了众多艺术爱好者的目光。这里与著名的798艺术中心不同，拥有着更加多样化的艺术环境。

北京市通州区宋庄镇小堡村　乘809路公共汽车到小堡北街下，自驾从大北窑上京通高速路—北关环岛上京哈高速—宋庄出口到小堡村

12 布拉格薰衣草庄园
充满浪漫气息的薰衣草园

★★★★ 赏

一望无际的薰衣草园充满着浪漫的气息，布拉格薰衣草庄园是时下年轻情侣们趋之若鹜的地方。这里种植着200多种薰衣草，各种色彩俱全，这种壮丽的景象让人在震惊之后，不由得就陶醉其间。漫步在园区内可以看到由不同色彩的花朵组成的花田，宛如一块积木拼图放置在大地上。布拉格薰衣草庄园还出售各种薰衣草制品，从香水到书签，应有尽有，它们都是很好的纪念品。

北京市通州区漷县镇运河大桥畔　自驾走京哈高速在西集出口下高速后右转直行3千米可到

13 齐天乐园
京杭大运河的源头

★★★★ 玩

北京市通州区北关环岛　乘312、322路公共汽车在通州新华大街站下车后北行，自驾沿京通快速至八里桥出口，直行走辅路到北关环岛向北1千米即达　010-69557288

齐天乐园位于京杭大运河的源头处，它离北京市区很近，交通极为便利，是一个集观光旅游、休闲放松于一体的多功能景区。来到园区内首先看到的是一帘气势雄伟的人工瀑布，而网球馆、歌舞厅、健身房等娱乐设施也逐一展现在人们面前。大运河的古河道就位于这里，游人们可以泛舟其上，欣赏两岸的优美风光，也能乘坐摩托艇享受风驰电掣的感觉。

大赏京郊

北京郊游攻略 HOW

北京郊游攻略 昌平区

地处北京西北部的昌平区有居庸关、龙虎台等险隘以及明代帝王陵寝，自古有"京师之枕"的美称，被称为"密尔王室，股肱重地"。

昌平区 特别看点！

第1名！
明十三陵！
100分！

★ 我国最大的帝王陵景区，参观古代帝王的地宫！

第2名！
居庸关长城！
90分！

★ 威震天下的雄关，地势险要的古代关隘！

第3名！
银山塔林！
75分！

★ 罕见的辽代塔林，明清时期"燕平八景"之一！

---

1 明十三陵 100分！

我国最大的帝王陵景区 ★★★★★ 赏

明十三陵埋葬了13位明代帝王及其家眷，各陵彼此呼应，气势恢弘，不仅是全国重点文物保护单位，还是世界文化遗产。沿

📧 北京市昌平区十三陵镇 🚌 德胜门乘872路公交车直达，自驾走G6高速公路在13C出口下高速按路标行驶即可到达 📞 010-60761888 ¥ 定陵淡季45元，旺季65元

着宽阔的神路前进，可以看到两侧众多的雕塑，路中段有一座巨大的碑亭，里面树立着著名的"大明长陵神功圣德碑"。来到这里还能看到气势雄伟的石牌坊、飞檐斗拱的殿堂等景观。目前十三陵中仅有长陵、定陵、昭陵三处陵园对外开放。

定陵地宫

装饰华美的地下宫殿

定陵是明代万历皇帝的坟墓，埋葬他的地宫在新中国成立后进行了考古发掘，是十三陵中唯一被发掘的陵寝。这里现在被辟为定陵博物馆，能够让游人们了解充满神秘色彩的帝王陵墓的内在构造。里面展出了很多文物珍宝，其中最为珍贵的当数皇帝夫妇所戴的龙、凤冠。

2 十三陵水库

中国最著名的水库景点之一　★★★★ 赏

十三陵水库建于1958年，是当时修建的大型水库之一，水库大坝总长627米，高29米，底宽179米，顶宽7.5米，不仅在北京的日常生活中发挥着重要作用，同时还是首都的名景之一。这里的湖面烟波浩渺，无论泛舟湖上还是在大坝顶端的古典建筑风格的游廊里纵览四周的大好风光，都是颇为不错的选择。大坝外坡上还有镶嵌着毛主席亲笔题词的纪念碑。

北京市昌平区十三陵镇　乘345路快车可到，或乘912路公共汽车直达；自驾走G6高速公路在南环出口下高速　010-60761742

3 十三陵明皇蜡像宫

再现明代历史风貌的蜡像馆 ★★★★★ 赏

北京市昌平区西关环岛 乘乘919路区间公共汽车在明皇蜡像宫南门站下，自驾走G6高速公路在13C出口下高速 010-69747257 ¥40元

明皇蜡像宫是十三陵著名的景点之一，它截取了明代26个著名的历史片断，塑造了300多个栩栩如生的人物形象。这里设置了一个个逼真的场景，能够让游人看到明代政治、经济、文化、军事、社会、民俗的特点。

4 雪世界滑雪场

冬季滑雪的胜地 ★★★★ 玩

北京市昌平区十三陵镇胡泰路 乘乘345支线公共汽车在昌平西环南路站下车，换乘雪世界专线车（3路）在雪世界站下 010-89761899

雪世界滑雪场是冬季滑雪的胜地，它拥有各种先进的设施与不同标准的赛道，能够同时满足职业选手与业余爱好者的需求。来到这里除了可以体验滑雪的乐趣外，还能乘坐飞驰电掣的雪地摩托和老少咸宜的雪上飞碟道，而狗、马拉雪撬道则是最具浪漫风情的地方，儿童游乐天地戏冰园和戏雪园是孩子们玩乐的天堂。

5 蟒山国家森林公园

北京最大的国家级森林公园 ★★★★★ 赏

北京市昌平区水库路 乘乘888路公共汽车在莽山国家森林公园站下，自驾走G6高速公路在西关下高速沿十三陵水库北路行驶可到 010-60713818 ¥20元

蟒山国家森林公园是以山林景观为主的旅游区，那里的自然生态环境保存得很好，有"野生动物的天堂"之美誉。这里重峦叠嶂，郁郁葱葱，每当清风徐来激起的松涛令人惊叹不已。景区内还有北方最大的石雕大佛、彩绘长廊、蜜蜂谷科技文化园等旅游景点。有趣的是，蟒山一直是中央机关的义务植树地，来到这可以看到百块名人绿色文化碑刻。

6 天池

独特的人工天池风景

★★★★ 赏

📧 北京市昌平区长陵镇 🚌 乘888路公共汽车在凤山温泉度假村下车可到，自驾走G6高速公路在西关下高速走110国道可到

　　天池是蟒山国家森林公园内最著名的景点之一，它三面环山，林木茂密，空气清新，是修养身心、回归大自然的好地方。漫步在天池湖畔，可以俯视十三陵水库、高尔夫球场等知名景点。湖的南侧有一座仿古的高塔，游人在那可以瞭望到北京市区的繁华风光。

7 碓臼峪自然风景区

位于京郊的地质奇观

★★★★ 赏

📧 北京市昌平区长陵镇碓臼峪村 🚌 乘345路公共汽车在昌平换乘55路公共汽车在碓臼峪站下，自驾走G6高速公路在西关下高速走110国道换行昌赤路可到 ☎ 010-89721775 ¥ 20元

　　碓臼峪自然风景区所有的主要景点都是1.3亿年前发生地壳运动中所形成的花岗岩体，各种奇峰怪石应有尽有，让人不得不赞叹大自然的巧夺天工。漫步在山谷中既能看到林木葱茏的山坡，也能看到怪石嶙峋的崖壁，清澈的山泉欢乐奔腾，充满着浓郁的"野趣"。这个景区没有多少人工开发的痕迹，"洞天峡"、"仙人钩鱼峡"、"群龙吸水峡"都是很有特色的景点。

8 沟崖自然风景区

沟壑纵横的风景区 ★★★★ 赏

沟崖是北京的名景之一，它是以奇、险的沟谷而闻名的，但是也不乏流传着传说逸事的人文景点，所以在"沟崖八景"闻名京城之后，就迅速成为权贵重臣、文人墨客避暑休闲的胜地。来到这里既能在令人心旷神怡的山林里漫步踏青，也能乘坐竹筏在清澈的河流中体验漂流的乐趣，"时令采摘"、"特色夏令营"等也都是很有特点的旅游项目。

✉北京市昌平区十三陵镇德胜口村 🚌乘345路公共汽车到昌平换乘小巴即到，自驾走G6高速公路在昌平环岛换110国道，至德胜口村按路标行驶可到 ☎010-60761481 ¥15元

9 延寿寺

风景优美的古寺 ★★★★ 赏

✉北京市昌平区怀长路 🚌乘345、456路支线公共汽车在昌平北站下，换乘昌平至九渡河汽车，到延寿寺 ☎010-69748706 ¥10元

延寿寺是北京的名寺之一，它建于元末明初，迄今已有600年左右的历史。走近古寺最先看到的是一座由汉白玉筑成的巨大"佛"字建筑，它的造型飘逸，看起来酷似一座大门，蕴涵着深意。延寿寺依山而建，层层递进，菩萨殿、大雄宝殿都是气势雄伟的殿堂，寺内还有一棵苍劲有力的古树，其形状巧夺天工，有着"华北第一奇松"的美誉。

10 双龙山森林公园

野外采摘的胜地

★★★★ 赏

北京市昌平区长陵镇　乘 乘345、345路支线公共汽车在昌平换乘城乡5路公共汽车到硬臼峪风景区门口西行3千米，自驾走G6高速公路从昌平西关出口下高速可到　☎010-89722496　¥15元

　　双龙山森林公园的自然生态环境保存得很好，是京郊著名的采摘中心。景区内林木茂密，各种奇花异草随处可见，嶙峋的怪石和古老城墙遗迹又给这里增添了神秘的色彩。百米荫棚是景区内最有名的景点，一棵棵高大的古木间爬满了藤蔓，从而形成了独特的藤萝伞盖景观。站在双龙山上的观峰台可以尽情欣赏景区的诸多美景。

11 银山塔林　75分!

罕见的辽代塔林

★★★★★ 赏

　　银山塔林是国家级重点文物保护单位，因为这里拥有保存完好的辽代塔林，它是中国建筑史上的一个经典之作，在明清时期则是"燕平八景"之一。景区既有高大的山峰，又有苍翠的林木，它们和造型典雅的古塔相映成趣，具有难以言喻的美感。银山的古塔众多，它们的风格呈多样化，其中以密檐式砖结构式的金化佛塔最为壮观。

北京市昌平区十三陵特区兴寿寺　乘 乘345、345路支线公共汽车在昌平换乘31路中巴湖门下　☎010-89726426　¥25元

12 居庸关长城

90分!

威震天下的雄关 ★★★★★ 赏

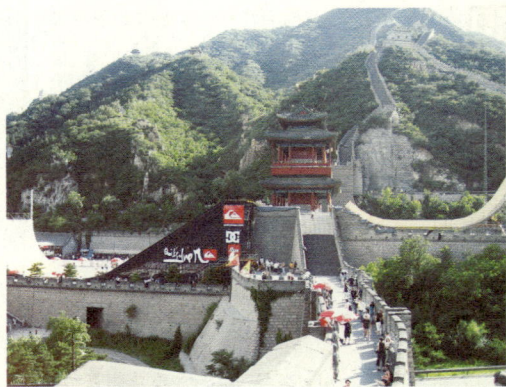

居庸关长城是万里长城中一个重要的关卡，它的地势十分险要，在明清时期起着拱卫首都的作用，所以有着"一夫当关，万夫莫开"的美誉。我们现在看到的居庸关，其主体建筑修建于明代，关城内外除了蜿蜒于崇山峻岭间的长城外，还有敌台、寺庙、衙署等古迹，共同构成了一个完备的军事防御体系，因此被联合国评为"世界文化遗产"。

✉北京市昌平区南口镇 🚍乘919快公共汽车在居庸关站下，自驾走G6高速公路在居庸关出口下高速可到 ☎010-69771665 ¥45元（旺季）；40（淡季）

13 天龙潭自然风景区

气势雄伟的冰川地貌景观 ★★★★ 赏

✉北京市昌平区南口镇龙潭村 🚍乘919路区间公共汽车在南口镇下，自驾走G6高速公路在昌平陈庄出口下高速 ☎010-69778314

天龙潭风景区有着独特的自然景观，这里山谷幽深，奇峰林立，它们大都是第四季冰川期的杰作。景区内有3条由红色花岗岩组成的山体，它们蜿蜒的身躯犹如3条飞舞的巨龙，其中的一条巨龙探头潭中做吸水状，天龙潭亦由此而得名。来到天龙潭不仅可以进行野炊、露营等旅游休闲活动，还能进行垂钓和品尝当地的天然美味。

14 虎峪自然风景区

景点众多的景区

★★★★ 赏

　　虎峪自然风景区内景点众多，既有令人瞠目结舌的奇峰怪石，也有一望无际的林海，"燕平八景"之一的"虎峪辉金"就在这里。这个景区风景秀美，高大的磨盘山上群峰对立，怪石嶙峋，是大自然之奇妙的绝佳体现。群山之间还有清澈的河水流淌，平静的河面倒映着四周的山光林景，给人以浑然一体的感觉。

✉北京市昌平区南口镇虎峪村北 🚍乘919路区间公共汽车在红泥沟（龙虎台）下车向北步行3千米，自驾走G6高速公路在36出口（陈庄）下高速走110国道可到 ☎010-69770295 ¥15元

✿ 雀儿涧

充满神秘色彩的景区

　　雀儿涧是虎峪景区内最著名的景观之一，这里既有高大的山峰，又有清澈的泉水和古老的道观。景区内的山门是一座直上直下的险峰，被称为一线天。这里的核心景点是雾云洞，相传曾有多位道士在这修炼成仙。

15 敕赐和平寺

建于唐代的古庙

★★★★ 赏

敕赐和平寺是北京地区最为古老的寺庙之一，它是唐太宗李世民下令修筑的，而负责具体监督的则是一代名将尉迟敬德。寺庙在历代多有修整扩建，因而气势颇为雄伟。走进古寺首先映入眼帘的是一棵高大的古槐，它的树龄已有1300多年，是这座寺庙经历风雨历史的见证者。寺内的殿堂众多，各有其独特之处，是人们拍照留念的好地方。

✉北京市昌平区南口镇花塔村 🚌乘345快线、919路支1快公共汽车在昌平东关换乘11路到花塔村下车 📞010-69778491 💰10元

16 关沟风景区

太行山与燕山的分界线

★★★★ 赏

✉北京市昌平区南口镇 🚌乘345路公共汽车在昌平换乘357路公共汽车在南口镇下，再乘小巴到景区

关沟在地理学上有着重要的位置，它被认为是太行山与燕山的分界线，但两侧的山体并没有多大区别。关沟内景点众多，素有"关沟七十二景"之称，长城上的雄关居庸关即位于此，壮丽的八达岭长城也在这里。这里还有众多造型奇异的怪石，很多都与杨家将相关，比较知名的有"六郎拴马桩"奇峰和"六郎石像"。

17 中国航空博物馆

记录中国航空历史的博物馆

★★★★★ 赏

中国航空博物馆是亚洲最大的航空博物馆，具有很强的科普教育意义，是寄托中国人航空梦想的展馆。这里展品众多，陈列着很多珍贵的老飞机，其中包括我国最早自行大规模生产的初教—5教练机，在朝鲜战争中立下赫赫战功的米格—15，中国人自己制造的第二架飞机冯如二号，还有伊尔—10、雅克—17、歼—12等难得一见的世界级珍品。这里的展品中最值得注意的是有空军英雄王海、张积慧所驾驶的战鹰。

📧 北京市昌平区小汤山镇 🚍 乘643路公共汽车在航空博物馆下，自驾走G6高速公路在小汤山出口下高速向东行驶9千米可到 📞 010-61784882 💰 免费，个别展馆需另付费

18 桃峪口水库

山水相依的水库

★★★★ 赏

📧 北京市昌平区兴寿镇上苑乡 🚍 乘昌平线在南邵站下车B2出口转郊94路在上苑站下车，自驾走G6高速公路在小汤山出口下高速向北经京密引水渠在秦城路口右转可到

桃峪口水库的库区不大，没有十三陵水库、密云水库等京郊水库的盛名和美景，但它也有着自己的独到之处。这里是北京著名的水产中心，放养的鱼儿众多，因此成为了钓鱼迷会聚的地方，既能钓到鲫鱼、鲂鱼、翘嘴白等小型鱼，也有鲤鱼、草鱼、鲢鱼、鳙鱼等大鱼吞钩。

19 白浮泉

与大运河密切相关的泉水

★★★★ 赏

　　白浮泉是白浮引水工程的源头，是古代大运河的重要组成部分，起着供给水源的重要作用，因而成为北京市的重点文物保护单位，这里是研究明清时期民俗风情的好地方。这里的都龙王庙始建于明洪武年间，是当地居民祈求风调雨顺的地方，一直以来香火旺盛，建筑景观众多。

📮北京市昌平区化庄村　🚌乘345路公共汽车在昌平换乘昌平21、52路公共汽车可到，自驾走G6高速公路在京银公路复线右转上白浮路可到

20 菩萨山风景区

秀美的山林风光

★★★★ 赏

📮北京市昌平区流村镇　🚌乘345路支线公共汽车在昌平东关站换乘357路可到，自驾走G6高速公路在南口下高速经南口大转盘前往流村镇

　　菩萨山风景区是以秀丽的山林景观著称的，重峦叠嶂，古木参天，但也不乏奇花异草和各种人文景致。这里旅游景点被规划得很好，五大园区各有特色，养生文化园区是人们修身养性的好地方；佛教文化园区与民俗文化园区有着众多的人文景观；来到生态文化园区可以欣赏大自然的壮丽风光；休闲文化园区也有自己的独到之处。

21 大杨山风景区

修身养性的避暑胜地 ★★★★ 赏

📧 北京市昌平区兴寿镇 🚌 乘345路公共汽车在昌平东关换乘947路在桃峪口站下，自驾走安立路在兴寿路口右转，在桃峪路口左转可到 📞 010-61796474 💰 15元

　　大杨山是一个林木葱茏的地方，在古代每到炎炎夏日的时候，就经常有达官贵人在此避暑休养，因此这里也不乏各种人文景致。漫步在景区内的大道上不仅能够看到造型奇异的花岗岩石山体，也能看到掩映在茫茫林海间的寺庙等古建筑。黑龙潭是这里最著名的景观，它的水面为黑色，但流淌出来的泉水却清澈无比。

22 白羊沟风景区

京郊的大自然空调 ★★★★ 赏

📧 北京市昌平区流村镇 🚌 乘345、345支线公共汽车在昌平换乘357路公共汽车流村站下，自驾走G6高速公路在南口镇下高速后向西行驶至流村镇 💰 15元

　　白羊沟风景区的自然生态环境保存得很好，充满着野趣，是人们休闲度假、放松身心的好地方。这里虽然有着秀美的天然风光，但也不乏各种人文景观，其中最著名的当数明代修建的军事要塞白羊城，而王家坝水库则是现代工业文明所造就的美景。白羊沟是品尝各种山水野味的好地方，美味的家常农家饭也会让人赞不绝口。

23 中国坦克博物馆

中国最大的装甲车辆博物馆　　★★★★ 赏

中国坦克博物馆室内陈列着不同时期的各种装甲车辆，尤其着重介绍了新中国坦克装甲车辆事业的发展，是军事迷眼中的宝地。来到这里可以看到许多珍贵的老式坦克，其中包括日军侵华时所用的97式坦克，美国二战时所用的LVTA—4两栖登陆车，而大名鼎鼎的T—34坦克系列的各种车型也一应俱全，当然也缺少不了我国自行研制生产的各种型号的坦克装甲车辆。这里还有仿真感很强的模拟器材，游人们在那可以体验驾驶坦克和操纵主炮进行射击的感觉。

✉北京市昌平区阳坊镇 🚍回龙观乘914路公共汽车可到，自驾走G6高速公路在小汤山出口右转向东行驶9千米可到 ☎010-61784882 ¥免费

24 白虎涧自然风景区

"燕平八景"中的"神岭千峰"　★★★★ 赏

✉北京市昌平区阳坊镇 🚍乘914路公共汽车在阳坊下，自驾走G6高速公路在沙河下高速向西走沙阳路可到 ¥20元

白虎涧自然风景区峰峦林立，怪石嶙峋，幽深的山谷中流淌着清澈的溪水，此情此景令人沉醉无比。这里的核心景点是金章宗完颜璟曾经游览过并亲自题名"驻跸"二字的驻跸山，山体上还有众多珍贵的石刻，它们兼具历史和艺术的双重价值。完颜璟（公元1168-1208年），金世宗的孙子，公元1189年即帝位。其人善书法、崇尚汉文化。

25 小汤山龙脉温泉度假村

距离北京最近的温泉度假村

★★★★★ 娱

北京市昌平区小汤山镇大柳树村 乘
643路公共汽车在小汤山人民政府站下，自
驾走六环在小汤山出口往北上立汤路，在大
柳树环岛往西可到 010-59797816

　　小汤山龙脉温泉度假村是一个风景秀丽的景区，来到这里，游人们可以一边欣赏优美的大自然风光，一边享受温泉带来的舒适感觉。当然这里也不乏现代化的旅游设施，赛马场、保龄球馆、射击、射箭场应有尽有。温泉浴所内则有各种水上娱乐设施，跳板、跳台和人造海浪、特色漂流、高山滑道等项目都很受欢迎。

26 温都水城

现代化的生态旅游景观

★★★★★ 娱

北京市昌平区北七家镇宏福创业园
乘快速公交3号到平西府西下，自驾
走立汤路在平西府路口向西2千米可到
010-81788888

　　温都水城的主建筑是一座现代化造型的五星级酒店，附近还有大型水上娱乐场馆和温泉养生会馆。这里拥有丰富的地热资源，能够让人休闲放松并有强健身体的效果。温都水城内还有古文化街，那里的建筑大都是明清风格的，但它们与附近的现代建筑相互呼应，毫无突兀之感。

北京郊游攻略HOW

北京郊游攻略 延庆县

三面环山一面临水的延庆县生态环境优良，不仅是北京西北重要的生态屏障，同时也是紧扼首都北京的北大门，素有"北京夏都"的美誉。延庆县旅游资源丰富，其中举世闻名的八达岭长城和风光优美的龙庆峡尤其受到游客喜爱。

延庆县 特别看点！

第1名！
八达岭长城！

100分！

★ 万里长城中最精华的一段，长城最巍峨险峻的部分！

第2名！
龙庆峡！

90分！

★ "塞外小漓江"，风光迷人的山水风光！

第3名！
延庆古崖居！

75分！

★ 规模最大的古代洞窟聚落遗址，中华第一迷宫！

---

1 妫河漂流

在"东方莱茵河"上漂流 ★★★★ 玩

✉ 北京市延庆县城东漂流总站　🚌 乘919路大站快车公共汽车在延庆东关站下　📞 010-69189876

妫（guī）河也被称做"东方莱茵河"，这条河绵延百余里，沿岸风光秀丽，北魏时郦道元曾对这里的景色大为称道，位列"延庆八景"之首。妫河漂流是这里最具人气的旅游项目之一，游人们可以乘上一叶扁舟顺流而下，在漂流之余可以饱览两岸风景，经过妫河100多个大小河湾，在时缓时急中发现大自然的无边乐趣。

❷ 八达岭长城

100分!

万里长城中最精华的一段 ★★★★★ 赏

📧北京市延庆县八达岭特区办事处 🚌乘919路支在八达岭站下，自驾走G6高速公路在八达岭长城出口下高速 📞010-69122222 ¥45元

八达岭长城是明长城中最早对游人开放的一段，也是万里长城中最精华的一段，集巍峨险峻、秀丽苍翠于一体，素有"居庸之险不在关而在八达岭"之称。八达岭长城的关城是东窄西宽的梯形结构，建于明弘治年间，东门上题有"居庸外镇"，西门额题"北门锁钥"，均是明朝时期的手笔。每年这里都要迎来数百万游客，已经成为长城的代表部分之一。

3 中国长城博物馆

介绍长城历史和现状的博物馆

★★★★ 赏

✉北京市延庆县八达岭特区办事处 🚌乘919路支在八达岭站下，自驾走G6高速公路在八达岭长城出口下高速 ☎010-69121890

中国长城博物馆位于八达岭长城脚下，是一座综合介绍长城历史和现状的博物馆。博物馆外观是仿长城上的烽火台形状，与周围的环境融为一体，馆内共有"历代长城"、"明代长城"、"建置装备"、"长城征战"、"经济文化交流"、"民族艺术宝库"、"爱我中华修我长城"7个部分，将万里长城的前世今生一一展示给人们，号召人们将这块民族瑰宝永远保护下去。

4 詹天佑纪念馆

纪念我国近代铁路的创始者和奠基人

★★★★ 赏

✉北京市延庆县八达岭特区办事处 🚌乘919路支在八达岭站下，自驾走G6高速公路在八达岭长城出口下高速 ☎010-69121006 ¥20元

詹天佑是我国近代铁路的创始者和奠基人，他设计的京张铁路是我国第一条完全自主设计建造的铁路。这座纪念馆就位于八达岭长城北侧，由瞻仰厅、序幕厅及3处陈列厅组成，介绍了詹天佑从早年求学、投身铁路建设到拥护辛亥革命所走过的人生历程。同时展出了很多詹天佑生前所使用过的测量工具、仪器、勋章和修筑京张铁路所用的施工工具等，从另一个侧面反映了我国早期铁路的修建历史。

⑤ 长城脚下的公社

当代建筑艺术的代表作品

★★★★ 娱

　　长城脚下的公社位于长城边的山谷之中，这里聚集了亚洲12名顶尖的设计师设计的12座各具特色的别墅，是一处私人收藏的当代建筑艺术的代表作品。人们在这里能通过专有的登山步道遍览长城风光，可以在公社内进行骑车、跑步、登山等户外运动，还有水疗、瑜伽课程等可以参与，完全是高品质的享受。

✉北京市延庆县八达岭特区办事处 🚌乘919路支在八达岭站下，自驾走G6高速公路在八达岭长城出口下高速 📞010-81181888

⑥ 八达岭温泉汤泉宫

长城下的温泉浴场

★★★★ 娱

✉北京市延庆县妫水北街1号 🚌乘919路快车在延庆南菜园站下，换乘920支线可到，自驾走G6高速公路在营城子出口下高速 📞010-69148333

　　八达岭温泉汤泉宫位于八达岭长城西北方，这里地热资源丰富，盛产温泉。这里的温泉温度适中，含有丰富的稀有元素，对人的身体有很多好处。而位于温泉上的汤泉宫则是集传统沐浴文化与现代高科技于一体，这里主要有室内外32个汤池，20多种水疗SPA浴种，18种温泉浴种，能适合各种人群的需要，给人们带来全新的感受。

7 八达岭滑雪场

京郊最著名的滑雪场之一

★★★★ 玩

✉北京市延庆县八达岭镇 🚌乘919路支在西拨子站下,自驾走G6高速公路在康庄出口下高速右转3千米可到 ☎010-69129922

八达岭滑雪场是京郊最著名的滑雪场之一,它坐落于八达岭长城西侧,占地300多万平方米。这里拥有适合从初学者到滑雪老手的各种雪道,还有狗拉雪橇、蹦极、雪地桑拿、自助冰雕、徒步冰川猎奇、横穿冰湖等各种新奇的雪上活动。除了滑雪外,这里充满欧陆风情的综合服务会所与西餐厅也是吸引人们的所在,特别是在活动之余品尝正宗的西餐更成为人们的新宠。

8 八达岭野生动物世界

我国最大的山地野生动物园

★★★★ 玩

八达岭野生动物世界是我国最大的山地野生动物园,它就位于著名的八达岭长城脚下,占地约400万平方米,共分20个动物游览区、2个古迹游览区、4个表演场、1个植物观赏区、2个健身运动区等部分。在这里生活着47种2000余只野生动物,人们可以乘坐游览车沿着公园内的道路缓慢前进,看各种凶猛的野兽在身边走来走去,和各种可爱的小动物一起嬉戏游玩,还能看到不少稀有的濒危动物,让人大开眼界。

✉北京市延庆县八达岭镇 🚌乘919路支公共汽车可到 ☎010-69122591 ¥90元

9 八达岭国家森林公园

接触自然呼吸新鲜空气

★★★★ 赏

🏠 北京市延庆县八达岭镇八达岭林场
🚌 乘919路支公共汽车在八达岭站下，
自驾走G6高速公路在水关长城出口下高
速 ☎ 010-81181458 ¥ 25元

八达岭国家森林公园位于八达岭长城到居庸关之间的连绵群山之间，总面积达2930余万平方米，主要分为红叶岭风景区、青龙谷风景区、丁香谷风景区、石峡风景区等几大部分。因为海拔高，所以这里的气温常年比别处要低5℃左右，而且空气清新，是度假放松的绝佳去处。在这里能看到红叶映长城、丁香铺满山的美不胜收的景致，一定能让人乐不思归。

10 岔道城

明朝遗留的古城遗址

★★★★ 赏

🏠 北京市延庆县八达岭镇 🚌 乘919路快车公共汽车在居庸关站或北京北站乘S2和谐号在八达岭站下

岔道城是一处明朝遗留下来的古城遗址，原本是长城卫戍部队的指挥部所在。现存城墙建于明嘉靖年间，后世均有加固扩建。如今这处古城遗址依照山势，呈不规则长方形，城墙高8.5米，是夯土包砖的结构。城周围三面开有城门，其中北门是假门，城上还设置有望楼、垛口、烽火台等防御设施，堪称是明朝时期防御性建筑的典型例证。

11 石峡关长城

位于崇山峻岭之中的长城残段

★★★★★ 赏

✉北京市延庆县八达岭镇东沟村 乘乘919路支公共汽车在西拨子站下,自驾走G6高速公路在八达岭长城出口下高速可到 ☎010-69120990 ¥50元

　　石峡关长城也称残长城,位于古代石峡关附近。这段长城位于崇山峻岭之中,宛如长龙蜿蜒在起起伏伏的山峰之间。但是很多地方如今仅存残垣断壁,其间透出无限的历史沧桑感,正对照出"残"长城的名字。在这段长城周围还能找到当年为了修筑长城而建造的砖窑和采石场,也是十分有价值的历史遗迹。

12 八达岭水关长城

戚继光主持修建的长城的一段

★★★★★ 赏

　　八达岭水关长城实际上是八达岭长城的东段,后来因为要修建京张铁路而被截为两段,这一段便以附近的水关而命名。据说这段长城是明朝抗倭名将戚继光所主持修建的,将箭楼和水门结合在一起,形成了独特的设计形态。这段长城全长6.8千米,素以奇、险、陡、坚而闻名,长城附近还有弹琴峡、金鱼池、石佛寺、骆驼石等景点,风光无限。

✉北京市延庆县八达岭镇石佛寺村 乘乘919路支公共汽车在八达岭长城站下,自驾走G6高速公路在八达岭高速公路水关出口下高速 ☎010-81181038 ¥40元

13 龙庆峡 90分!

"塞外小漓江" ★★★★★ 赏

　　龙庆峡也称"古城九曲"，因其沿途风光秀丽，也有"塞外小漓江"的美誉。这里集江南山水的妩媚秀丽和北方山水的雄伟壮阔于一体，龙庆峡水库好像一道大锁将放纵不羁的水龙牢牢锁住，左右两边的高山峭壁如同被刀削斧凿一般，在上面有镇山如来、石熊跳岩、九连洞、鸡冠山、金刚山、马蹄潭、将军岩等形态各异的山峰岩石，以及金刚寺遗址等，堪与桂林山水和长江三峡相媲美。

📮北京市延庆县旧县镇古城村北 🚌乘919路公共汽车在延庆南菜园换乘920环线可到，自驾走G6高速公路在延庆县城换行110国道可到 ☎010-69191020 ￥40元

14 康西草原
一望无际的广阔草原

★★★★ 玩

　　康西草原位于八达岭长城西侧的康庄镇，是距离北京市区最近的草原。这片大草原一望无际，西邻官厅湖，北依海陀山，面积约有2200万平方米。这里地势平坦，草原广阔，绿色的草原就好似一片巨大的绒毯一般一眼望不到头，游人们可以在这里纵马飞驰，享受在这广阔的天地间纵横驰骋的乐趣，同时还能遍览这里如同油画一般的美妙景色，令人心旷神怡。

📧北京市延庆县康庄镇大王庄 🚌乘919支线公共汽车太师庄下车，自驾走G6高速公路在康庄出口下高速 📞010-69131638 💴30元

15 榆林堡
古延庆八景之一

★★★★ 赏

📧北京市延庆县康庄镇 🚌乘919路公共汽车在延庆县城换乘小巴在榆林堡下，自驾走G6高速公路在八达岭出口下高速沿西拨子方向过康庄可到

　　榆林堡位于延庆县的西南部，因为长满了榆树，所以被叫做榆林堡。在过去这里曾经是一处重要的驿站，至今还保留有一处建于元代的驿站遗址。除了驿站外，在榆林堡还留存有很多旧时的建筑，这些老屋装饰考究，还能依稀看出里面的雕梁画栋，据说在八国联军攻入北京的时候，慈禧太后与光绪皇帝出逃就曾经在这里住宿。除了怀旧感十足的老屋外，"榆林夕照"也是古时"延庆八景"之一，不可不看。

16 松山森林公园
充满灵气的绿色氧吧 ★★★★ 赏

北京市延庆县张山营镇 乘919路公共汽车在延庆南菜园站下，换乘920路公共汽车到张山营站下 010-69112020 ¥50元

松山森林公园原是一处自然保护区，建于1985年。在这总面积4660公顷的庞大公园中，拥有大片绿色森林，其中50多公顷的天然油松林是这里保存最为完好的森林。漫步在这绿色的自然之中，山山水水都充满了灵气，无论远观还是近看都能有不同的感受。是游人旅游度假、修身养性的绝佳去处。

17 野鸭湖
北京唯一的湿地鸟类自然保护区 ★★★★★ 玩

北京市延庆县康庄镇刘浩营村 乘919路支线公共汽车到延庆南菜园下换乘921路到野鸭湖下 010-69131226 ¥50元

野鸭湖是官厅水库所形成的人工湿地，也是北京唯一的湿地鸟类自然保护区。在这里生活着很多湿地所特有的动植物，特别是各种水鸟和鱼类更是人们争相关注的目标。游人们除了可以深入湿地的腹地，还能前往附近的野鸭湖湿地博物馆，欣赏那里陈列的各种图片、资料和标本，也能对这处生态保护区有一个深入的认识。

18 硅化木国家地质公园

神奇的硅化木

★★★★ 赏

📮北京市延庆县千家店镇 🚌乘919路公共汽车在延庆南菜园站换乘925支2路公共汽车在千家店站下，自驾走G6高速公路在延庆县城下高速走刘干路可到 📞010-60188559 💰30元

硅化木国家地质公园位于延庆县东北部，公园总面积达226平方千米，包括木化石中心区、滴水壶、乌龙峡谷、燕山天池、云龙山等主要景区。其中木化石区是这里最主要的看点，在中心区到处都能见到形成于1.6亿至1.8亿年前的硅化木，它们像树而不是树，像石头而又不完全是石头，十分神奇，让人不禁感叹大自然的力量是多么伟大。

19 永宁古城

历史悠久的古城

★★★★ 逛

📮北京市延庆县永宁镇 🚌乘919路公共汽车在延庆换乘班车去永宁

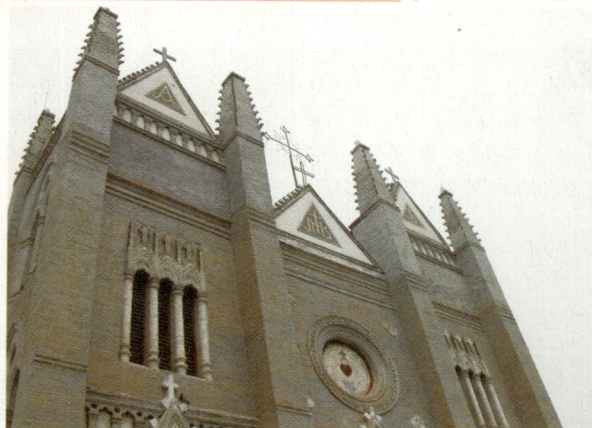

永宁古城位于延庆县东，这里的历史最早可以上溯到三皇五帝时期，到了春秋战国时期更是燕国的重镇，极具历史价值。虽然这座古城历经战乱，很多建筑都被战火所摧毁，但是如今已经按照它旧有的面貌重修了不少古迹，而古城的面貌也恢复了不少。如今在永宁古城里拥有明清风格的步行商业街、古文化一条街、手工作坊一条街等区划，是了解当地古文化、访古探幽的好去处。

20 莲花山

状似莲花的山峰 ★★★★ 赏

　　莲花山位于延庆东北的山区内，这是一座由粉红色的花岗岩构成的山峰，山体因为长年雨水的侵蚀而形成一片一片的样子，就好像莲花的花瓣一般，故而被称之为莲花山。这里四周群峰耸峙，植被茂密，环境优雅。山顶还建有玉皇庙，传说八仙中的吕洞宾和汉钟离曾经在这里下棋，至今还留有棋盘，上面的棋子可以移动却无法取出，十分有趣。

📮 北京市延庆县大庄科乡 🚌 乘925路公共汽车在莲花山路口下，换乘去莲花山的专线车

21 灵照寺

看各种造型的石狮子 ★★★★ 赏

　　灵照寺位于延庆老县城东南，这座寺庙始建于金代，历史十分悠久。寺内的山门、前殿、大殿等建筑至今依然保存完好，特别是山门前的两座巨大石狮子更是延庆县内形体最大、造型最具明代特征的一对古石狮。今天寺内共有大小殿宇20余间，其中除了有各色佛像外，还有很多从各地收集来的古代石狮，也是这里的一大看点。

📮 北京市延庆县湖北西路7号 🚌 乘919路公共汽车在延庆换乘小巴到人民商场南侧灵照寺下 📞 010-69180339 ¥ 5元

22 延庆黑龙潭

在无底深潭之畔体验自然野趣 ★★★★ 赏

📮 北京市延庆县大庄科乡龙泉峪村 🚌 乘925路公共汽车在永宁站下，换乘y13路在沙梁子站下；或919路快车在延庆转乘开往宝山寺方向汽车在沙梁子站下

　　延庆黑龙潭位于延庆县大庄科乡龙泉峪村，又名乌龙峡风景区。黑龙潭发源自5000米长的旺泉沟峡谷上游，潭水清澈见底，水质优良。而水潭两侧的峡谷更是典型的山间河流深切河谷地貌景观，这里山谷幽深，壁立千仞，甚至里面还放养着很多野兔、野鸡等小动物，游人可以亲自操起弓箭狩猎一番，颇为有趣。

23 双营古城

完好保持原貌的明代土城

★★★★ 逛

✉ 北京市延庆县双营村 🚌 自驾走G6高速公路在延庆县城沿110国道北行至米家堡村后向东2千米可到，或乘919路公共汽车至延庆县城再转乘出租车前往

双营古城是延庆县目前依然完好保持原貌的明代土城之一。它位于县城东北侧，城墙全都是夯土建成，东西两侧各有一座城门，城门是上砖下石的结构，虽然门楼早已消失无踪，但是整体架构依然保持完好。数百年来这里一直都是防御京师的重要堡垒，城内至今还能看到不少当年用作防御工事的遗迹，很具考古价值。

24 玉渡山

大自然的宝库

★★★★ 赏

✉ 北京市延庆县龙庆峡玉皇庙村 🚌 乘919路公共汽车在延庆南菜园换乘920换线到龙庆峡（玉渡山），自驾走G6高速公路在延庆换乘京张路行至玉皇庙往北可到 📞 010-69190336 ¥ 60元

玉渡山位于延庆县城西北的深山之中，是一处尚未完全开发的处女地。这里人迹罕至，环境清幽，风景优美，堪称是一颗深藏不露的明珠。在这儿，山、林、泉、石、花、草等美景一应俱全。由于人类活动少，这里的植物生长茂密，而且种类繁多，是一处天然的大型植物园，还有各种珍稀野生动物生活其间，是大自然赐予我们的一座宝库。

25 野山峡风景区

看华北最大的佛像

★★★★ 赏

北京市延庆县靳家堡　乘919路公共汽车在延庆换乘920路公共汽车丁家堡下　☎010-69190737　¥30元

　　野山峡风景区主要分为前后山两大部分，前山部分包括大佛寺、五爷庙、石雕长廊、露天大佛、天柱寨等景点，其中露天大佛高13米，是华北地区最大的佛像之一。而后山则提供有原始森林探险、野外宿营、戏水摸鱼等充满野趣的活动，更有野外宾馆提供新鲜的山珍海味给人们享用，别有一番美妙滋味。

26 青龙潭

延庆关沟七十二景之一

★★★★ 赏

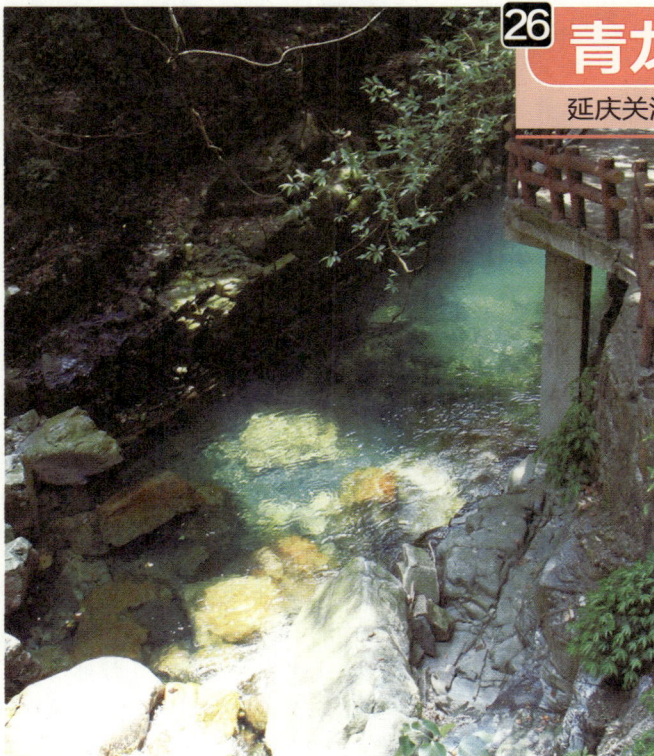

　　青龙潭位于延庆燕羽山北麓，是延庆关沟七十二景之一，在潭中有多眼泉水，因此潭水终年不见减少，却也不会流出山谷，传说是有青龙在潭下将水一吸一吐而成。除了神奇的潭水外，这里还有奇峰怪石、夏日冰瀑、松杏竞艳、日月交辉等有趣景观，特别是在夏天，这里流水潺潺，飞瀑凌空，让人看了就觉得一股凉意直沁心脾，非常舒服。

北京市延庆县永宁镇　乘919路公共汽车在延庆换乘920路公共汽车在青龙潭下　¥48元

27 珍珠泉

神奇的珍珠泉

★★★★ 玩

珍珠泉位于延庆县东北部的珍珠泉乡，这里最著名的还是要数那神奇的珍珠泉。因为在泉水中含有大量气体，只要围观者一拍手或是大声叫喊，就会有一团气泡从泉底冒出，好像一串珍珠一般，非常有趣。除了这有趣的泉水外，四周吸引人的自然风光也是游客纷至沓来的原因之一，这里一年四季景色各不相同，不管什么时候来都能感受到各种乐趣。

✉ 北京市延庆县珍珠泉乡　🚍 乘919路公共汽车在延庆南菜园站换乘925支1到珍珠泉下　📞 010-60186308

28 古崖居　75分!

规模最大的古代洞窟聚落遗址

★★★★★ 赏

✉ 北京市延庆县张山营镇东门营村　🚍 乘919路公共汽车在延庆南菜园站换乘920路在东门营站下，自驾走G6高速公路在延庆县换行110国道行至东营门村　📞 010-69110333　¥ 40元

古崖居是北京地区目前规模最大的古代洞窟聚落遗址，在遗址区域内共有洞穴117个，大多开凿于崖壁的沙砾花岗岩石上。而且这些石洞根据所形成的自然村落可以分成前、后两个区域，里面留有许多过去人类生活的痕迹，包括门、窗、壁橱、灯台、石炕、排烟道、石灶和马槽等，而且内部通道纵横交错，十分复杂，故而这里也有"中华第一迷宫"之称。

29 滴水壶乌龙峡

方壶洞天，神仙之境 ★★★★ 赏

📧 北京市延庆县沙梁子乡　🚌 乘919路公共汽车在延庆换乘小巴可到　📞 010-60188559　💴 20元

滴水壶乌龙峡位于延庆和怀柔的交界处，这里峡谷幽深，群峰耸峙，怪石嶙峋，颇有点桂林山水的感觉。在这些瀑布飞泻的山壁上还有不少天然形成的岩洞，洞内千回百转，道路复杂，还有各种千姿百态的石柱、石钟乳、石笋等，各种石头形成人物、鸟兽、神话等样子，因此这里也被人们称做"方壶洞天，神仙之境"。

30 云龙山

宛如巨龙的山脉 ★★★★ 赏

云龙山因为山脉连绵悠长，宛如一条巨龙在云中翻腾而得名，这里位于延庆县千家店镇，临近龙庆峡、妫河漂流、珍珠泉、燕山天池、滴水壶等知名景点，因此也颇为人们所瞩目。在这里有山有水，有洞有石，到处都是虫吟鸟鸣，令人流连忘返。此外，这里还有狩猎场、快乐度假区、采摘园等，可以让人玩个痛快。

📧 北京市延庆县千家店镇　🚌 乘919路公共汽车在延庆站换乘去千家店方向的中巴到云龙山下，自驾走G6高速公路在延庆换行110国道，在东营门村继续向西2千米可到

31 九眼楼

古代京城防御的重要设施

★★★★ 赏

✉北京市延庆县四海镇　🚌乘919路公共汽车在延庆县汽车总站换乘汽车在四海镇政府下
📞010-60187019　💴20元

九眼楼位于怀柔县与延庆县交界火焰山顶部，因为在敌楼每个面上都有九个用来射箭和瞭望的望孔，所以被称做九眼楼，同时这里在晴天的时候可以远望京城，故而也被称做望京楼。作为长城沿线最大的敌楼，早在明朝就是长城上的重要关口，担负着防守任务，如今在九眼楼周围还能看到当时留下的各种防御设施遗迹。登临楼顶，四方山川景色如在眼前，让人颇感震撼。

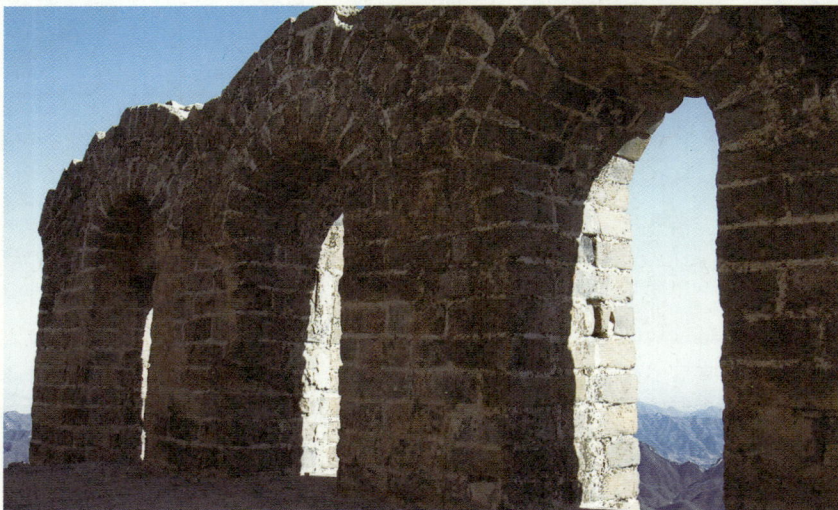

32 仓米古道自然风景区

京郊规模最大的自然风景区

★★★★ 赏

仓米古道位于延庆东部的群山之中，整个景区占地950多平方千米，是北京周边规模最大的自然风景区。而且景区内植被茂盛，动物众多，山间共分布着780余种植物，更有180多种野生动物生活在其中。这里共分做8个部分，每个部分都有各自的特色，是人们回归自然、休闲、度假、观光、避暑的绝好去处。

✉北京市延庆县四沙公路　🚌乘919路公共汽车在延庆旅游局换乘专线班车

33 骆驼寨

体现普通农家生活乐趣的民族旅游特色景点 ★★★★ 赏

　　骆驼寨是一处体现普通农家生活乐趣的民族旅游特色景点，游人们可以信步漫游在山寨之中，直接面对这里的青山碧水，任由舒服的微风从脸上拂过，体验在天地之间逍遥畅游的畅快感觉。此外人们还能在这里的骆驼石前祈福，看各种历史悠久的古代文物，品尝这里的美味佳肴，一定能让每个人都有回归自然的感受。

✉ 北京市延庆县井庄镇王木营村　🚍 乘919路公共汽车在延庆南菜园站换乘874路到骆驼寨站下，自驾走G6高速公路在延庆向东朝井庄镇方向行驶

34 北京石京龙滑雪场

由外国专家参与设计的滑雪场 ★★★★ 玩

　　石京龙滑雪场是京郊著名的滑雪场之一，这里邀请了外国专家专门设计，规模在国内也是数一数二的。滑雪场全部实现人工降雪，其雪地质地松软，品质极佳。雪场的布局、雪道设计及设施都处于世界领先水平。此外，这里还特别提供雪桑拿、温泉浴等崭新的活动，这在国内滑雪场都是独一无二的。在这里可以享受到在雪中驰骋的乐趣，让人欲罢不能。

✉ 北京市延庆县张山营镇中羊坊村　🚍 乘919路公共汽车在延庆南菜园站换乘920路环6公共汽车在石京龙滑雪场站下，自驾走G6高速公路在营城子出口下高速后换行110国道，在龙庆峡到黄柏寺路段向西行驶1000米可到　📞 010-69191617

大赏京郊

北京郊游攻略 HOW

北京郊游攻略

BEIJING OUTING HOW

怀柔区

青山翠绿、溪水潺潺的怀柔素有京郊明珠的美誉，春季观景赏花怀柔游；夏季消夏避暑雁栖游；秋季采摘赏叶长城游；冬季岁寒三友红螺寺游是怀柔一年四季主要的旅游主题活动。

怀柔区 特别看点！

第1名！
慕田峪长城！
100分！

★ 游览长城不可错过的一段，万里长城慕田峪独秀！

第2名！
红螺寺！
90分！

★ 松林藏古寺的美妙画卷，千年历史的古刹！

第3名！
雁栖湖！
75分！

★ 成群大雁栖息的湖泊，湖光山色的美景！

---

1 红螺寺 （90分！）

松林藏古寺的美妙画卷　★★★★★ 赏

红螺寺位于怀柔县城以北的红螺山上，这座古寺始建于东晋时期，距今已经有1600多年的历史了。相传在

✉北京市怀柔区怀柔镇卢庄村 🚌乘867路公共汽车在红螺寺站下，自驾走京密路在怀柔城区走青春路北行可到 ☎010-60681175 ¥54元

寺庙附近的泉水中有两只巨大的红螺，也流传出了美丽的红螺姑娘的传说，所以红螺寺的名字也就不胫而走。它坐北朝南，依山势而建，布局严谨，气势宏伟，四周古木参天，环境极佳。寺庙就隐没在千亩的绿色松林之中，构成一幅"林深藏古寺"的美妙画卷。此外，在红螺寺中还有不少很有价值的历史遗物，包括明朝天启年间铸造的天启大铜钟等，反映了这里悠久的历史。

2 红螺湖旅游区

集多种要素于一体的综合性游览区

★★★★ 玩

✉北京市怀柔区怀柔镇 🚌公交线路与红螺寺相同，自驾走京顺路在怀柔迎宾环岛走怀丰公路可到 ☎010-60681281 ¥30元

　　红螺湖旅游区就位于红螺寺前，这里是一处集住宿、餐饮、娱乐为一体的综合性游览区。这里山水相依，绿树成荫，湖水波光粼粼，四周百鸟争鸣，在湖中还有一座红螺仙女的塑像，像中仙女手捧宝珠，身段婀娜多姿，更为这里增添了不少美感。旅游区的旅游项目很齐全，有和鸟儿进行近距离接触的红螺湖鸟岛，岛上还设有百米禽鸟科普长廊，转上一圈就能从门外汉变成鸟类专家。此外，这里还有各种水上及空中娱乐项目，相信每个人都能在这里找到属于自己的乐趣。

③ 红螺慧缘谷

著名的佛教圣地 ★★★★ 玩

✉北京市怀柔区怀柔镇甘涧峪村 🚌乘916路公共汽车在怀柔换乘去甘涧峪村的公共汽车，自驾走京承高速公路在怀柔出口到怀柔，往慕田峪方向行驶6000米左右可到 ☎010-89601286 ¥25元

红螺慧缘谷位于红螺寺西侧，地处怀柔山前暖区，一年四季气候温润，冬暖夏凉，十分舒适。加之这里植被茂密，四季花开，形成了北京地区少有的乡村田园景象。如今，在慧缘谷形成了著名的"红谷八景"，也即子母苍松、弥勒仙境、通天水梯、圣水源泉、百合朝宗、水岸观音、佛石问天、松涛林海，是这里各处经典景色的大集粹。此外，这里也是一处佛教圣地，寺院众多，在明清时期甚至有"二十四寺，七十二庵"的规模。每到佛教重要节日，这里都是香火旺盛，无愧"慧缘"二字之名。

④ 生存岛

国内首创的新概念旅游基地 ★★★★ 玩

生存岛是国内首创的新概念旅游基地，这里以"创造、运动、审美、度假、培训"为宗旨，开展各种生存拓展培训、新概念旅游、集体休闲、学生自救训练、真人CS等新兴的活动。园区内主要分6个大区域，包括工艺区、农事区、军体区、山地训练营、生存拓展培训、餐饮住宿区。人们可以在工艺区进行各种手工制作，在农事区进行各种美味食品的制作，还能前往军体区进行各种拓展训练或是真人CS对战，既能玩得尽兴，也能锻炼自己的身心，可谓一举两得。

✉北京市怀柔区红螺东路6号 🚌乘游6路公共汽车可到，自驾走京顺路在怀柔迎宾路左转600米可到 ☎010-60681166 ¥80元

5 天华洞
天然形成的漂亮石灰岩洞窟
★★★★ 赏

　　天华洞又名华藏洞，是一处天然形成的石灰岩洞窟，总面积达2400多平方米。在洞底还有地下河，形成了3000平方米的水城，规模极为庞大。洞内洞壁陡峭，怪石嶙峋，还有各朝代塑造的佛像，大致可以分为观音殿、西方极乐殿、弥勒殿、财神殿、玉皇殿等部分，除了佛像外，还有各种形状各异的石钟乳、石

✉北京市怀柔区铁矿峪村 🚌乘916路公共汽车到怀柔转乘去天华洞方向的中巴车，自驾走京承高速公路在怀柔出口下高速，直行在开放环岛左转往慕田峪方向行驶大约9000米可到

柱等，它们有的好像刀枪剑戟，有的好似宝塔璎珞，颇为壮观。此外，在洞壁上还留有明清时期留下的题词墨迹，也是相当珍贵的文物。

6 慕田峪长城
100分！
"万里长城慕田峪独秀"
★★★★ 赏

✉北京市怀柔区渤海镇慕田峪村 🚌乘936路公共汽车到怀柔转乘私人出租车，或乘867路旅游专线直达，自驾走京承高速公路在怀柔出口下高速，直行在开放环岛左转往慕田峪方向行驶大约7000米可到 📞010-61626505 💴45元

　　慕田峪长城西接居庸关，东临古北口，是长城位于怀柔境内的一段。这段长城绵延2200多米，最大的特点就是城墙两边都有垛口，这在整个长城中也是不多见的，如今也属于"北京新十六景"之一，是游览长城不可不去的地方之一，素有"万里长城慕田峪独秀"的美誉。除了长城外，这一带植被茂密，风景秀丽，也是难得一见的自然美景，附近更是以长城为中心开辟出了不少新兴的游玩景点，人们可以乘坐缆车往来于长城之上，从另一个角度欣赏这宛如巨龙翻腾在崇山峻岭之上的世界奇迹。

7 圣泉寺

看历史悠久的圣泉古井　★★★★　赏

📧北京市怀柔区桥梓镇口头村　🚌乘916路公共汽车到怀柔北大街下，换乘916怀柔—洞台公共汽车到口头站下，自驾走京承高速公路在怀柔出口下高速，直行在开放环岛左转往慕田峪方向行驶大约7000米可到　📞010-60637289　💰26元

　　圣泉寺位于怀柔的慕田峪长城与红螺寺之间，又名圣泉山观音寺。这座寺庙始建于唐代，此后历代均有重修和修补，香火不绝。寺内苍松翠柏，是各朝代所植，使得寺庙四周一片苍翠碧绿，在寺内还有一口圣泉古井，据说有很多神奇的事迹，是人们争相崇拜的圣迹。如今寺庙依然保持着当年的样貌，虽然规模并不是很大，是一处两进的四合院结构，有韦驮殿、大雄宝殿、偏殿等建筑，在正殿门前还有两块古碑，一块是明成化年间所立，一块是清嘉庆年间所立，很有历史价值。

8 箭扣长城

形似弓箭的长城　★★★★　赏

　　箭扣长城位于慕田峪长城西侧，这里山势复杂多变，因此依据山势而建的长城也显得更为雄浑壮美，因为样子好像一张拉满待射的弓，所以才有了箭扣长城这个名字。在这一段长城上有牛犄角边、南大楼、鬼门关、箭扣梁、东西缩脖楼、东西油篓顶、将军守关、天梯、鹰飞倒仰、九眼楼、北京结等各种惊险雄奇的景点，而且附近很多地方都没有台阶，需要翻越险峻的山地才能到达。虽然路途艰险，但是真正登上箭扣长城，遥望四方苍茫大地，还是很有成就感的。

📧北京市怀柔区近郊渤海镇珍珠泉村　🚌乘916路公共汽车到怀柔于家园汽车站转西栅子方向的班车可到，自驾走京密路在经过西怀柔环岛、慕田峪环岛后按路标行驶可到　💰20元

⑨ 雁栖湖 75分!
成群大雁栖息的湖泊
★★★★★ 玩

雁栖湖位于怀柔城北的燕山脚下，北临长城，南依华北平原，湖面波平如镜，一望无际，湖水清澈见底，远远望去，就好像一块巨大的翡翠玉石一般。每年春秋两季都有成群的大雁到这里栖息，所以雁栖湖的名字就这样诞生了。在雁栖湖周围有红螺山、军都山、金灯山3座高山，山上绿意盎然，四季常青，包括仙鹤、大雁、白天鹅、淡水鸥等各种鸟类在这里繁衍生息，一派大自然的和谐景象。此外，在这里还有不少适合不同年龄游人的娱乐活动，不管是大人还是小孩都能玩得开心。

✉北京市怀柔区雁水路3号 🚍乘936路公共汽车青龙峡方向直达，自驾走京顺路在怀柔城区向北行驶8000米可到 ☎010-69661696 ¥25元

⑩ 雁栖不夜谷
摆脱城市的喧嚣和大自然亲密接触
★★★★ 玩

雁栖不夜谷是一处脱离城市的喧嚣、享受大自然乐趣的绝佳去处，它位于层层叠叠的群山之中，外界的纷纷扰扰完全影响不了这里。走进不夜谷，可以看到四处都是依山而建的小木屋和样式精美的木质结构别墅，似乎还能在空气中闻到淡淡的木香味。而山间更是山花烂

✉北京市怀柔区雁栖镇 🚍乘936路公共汽车青龙峡方向直达，自驾走京顺路在怀柔城区向北行驶8000米可到 ☎010-61642051

漫，五彩缤纷，漫步在这里，身心都得到了洗涤，一下子就能放松不少。除了散步观景外，游人们还能品尝到最正宗的农家饭，这里的农家饭的原材料都是当地出产的，十分新鲜，而且完全绿色，除了好吃，还对人的身体很有益处。

11 官地民俗村

历史悠久的农家古镇 ★★★★ 玩

📮北京市怀柔区雁栖镇官地村 🚌乘916路公共汽车到怀柔转乘去官地村中巴车，自驾走京承高速在怀柔路口下高速，经怀柔迎宾环岛沿开放路在雁栖环岛左转可到 ☎010-89617089

　　官地民俗村位于雁栖不夜谷内，是一座拥有600多年历史的古镇。因为早在明代这里曾经是长城守军屯田开荒的地方，所以被称为官地村。这里空气清新，气候宜人，明长城从附近穿越而过，大大小小19座关口在这里构成了很特别的景观。同时村中的民居等全都保持了过去的样式，极具古风古韵。在这里还能看到每家每户窗台上放着红彤彤的南瓜、金灿灿的玉米，灶台上的铁锅还在飘着好闻的香气，一股农村的传统味道扑面而来。在这儿能吃到贴饼子、馅窝头、棒馇粥、山野菜等农村传统美食，让人印象深刻。

12 九谷口自然风景区

看风格各异的九道沟谷 ★★★★ 玩

📮北京市怀柔区怀北镇河防口 🚌乘936路或936路青龙峡方向公共汽车到九谷口站下，自驾走京顺路在怀柔县城过迎宾路经过北环岛、富乐环岛、范各庄环岛后过怀北镇可到

　　九谷口自然风景区位于怀柔怀北镇河防口，因为在周围有9条沟谷而得名。这9条沟谷分别名为望城谷、白杨谷、响泉谷、牛蹄谷、银河谷、桃园谷、一线天、鲸石谷、藤萝谷，它们各有特色，景色也各不相同。有的奇峰并立，有的繁花似锦，有的惊险雄奇，也有的如同盆景一般玲珑剔透，十分神奇。在九谷口附近也有保存完好的明长城遗址，登上长城望楼，四面群山尽收眼底，而绵延的长城也好似一对飞翼一般，构成了一幅美丽的山水画卷。

13 北京怀北国际滑雪场

北京最早的滑雪场

★★★★ 玩

✉ 北京市怀柔区怀北镇河防口村548号 🚍 乘936路公共汽车在九谷口（怀北滑雪场）下，自驾走京承高速公路在怀柔出口下高速后一直向北行驶可到 📞 010-89696677

　　北京怀北国际滑雪场是北京最早的滑雪场之一，这座滑雪场占地9.6平方千米，雪地面积达10万平方米，最多可以容纳5000人同时在这里滑雪。同时这座滑雪场采用了欧洲标准，设施十分完备，适合任何年龄、任何水平的人前来。除了滑雪外，这座滑雪场还有一个特色，那就是它位于长城脚下，三面都被长城所围绕，其中还有长城上独一无二的"夹扁楼"景观，这种集人文和自然景观于一身的滑雪场，放眼世界也没有几个，因此吸引了来自世界各地的游客。

14 山吧

群山之中的度假村

★★★★★ 娱

　　山吧位于怀柔的群山之中，周围被慕田峪长城、生存岛、神堂峪等景点所围绕。这是一处依山而成的度假村，其中的大小房屋都是木制的，一条小溪从屋前缓缓流过，每到晚上睡觉的时候都能听到潺潺的流水声，感觉非常浪漫。这些木屋除了给人带来温馨的感觉外，四处的风景也很

好，屋内很多地方都安装了大型的落地玻璃窗，在屋内一眼就能看到老远的山景，一下子就觉得自己正身处自然美景中。此外，这里提供的农家饭菜也很不错，各种当地出产的食材做成的饭菜味道鲜美，让人乐不思归。

✉ 北京市怀柔区雁栖镇长园村318号 🚍 乘936路支线公共汽车在怀柔县转小巴可到 📞 010-61627027

15 石门山

拥有动人传说的大山

★★★★ 玩

石门山位于怀柔雁栖湖以北，景区占地333万平方米，因为两座大山好像大门一般互相对峙，所以被人们称做石门山。在这里随处都能见到各种奇峰怪石、幽深洞窟、潺潺流水和如白练一般的飞瀑，流传着各种美丽动人的传说故事。而沙河水更是从这里奔流而过，带来了多达数万平方米的宽阔水面，游人们可以在这里尽情

✉ 北京市怀柔区怀北镇峪道河村 🚌 乘936路公共汽车在怀柔县城转去云蒙山方向的中巴可到，自驾走京顺路在怀柔县城过范各庄环岛后过怀北镇 ☎ 010-61622004 ¥ 16元

戏水、划船、垂钓，享受大自然带来的无穷乐趣。除此之外，这里还有着深厚的人文底蕴，传说老子、孔子、李白、杜甫等都曾经到过这里，留下了不少让人咏怀的遗迹。

16 青龙峡

集青山绿水于一身的风景区

★★★★★ 玩

✉ 北京市怀柔区怀北镇大水峪村 🚌 乘936路公共汽车在青龙峡道口站下，自驾走京顺路在怀柔沿怀丰公路过雁栖湖继续行驶大约7000米 ☎ 010-89696781 ¥ 40元

青龙峡位于怀柔城北，是一处集青山、绿水、古长城三大优势于一体的自然风景区。整个风景区面积为150公顷，南北狭长，北边是一处湖泊，游人们可以乘坐这里的龙舟或是画舫在水中畅游，一边还能观赏两岸的山水风光。夏天还能在这里进行游泳等水上项目，将炎热的暑气一扫而光。特别是这个时候青龙峡水量大增，到处都是溪水漫流，水流交汇后就形成了声势浩大的飞龙瀑，瀑布飞流直下，景色壮观异常。此外这里还有登长城、水上游乐等活动，很吸引人。

17 百泉山自然风景区

宛如江南水乡的青山秀水

★★★★ 玩

✉北京市怀柔区怀北镇椴树岭村 🚌乘936路、867路公共汽车到怀柔市区转乘私人出租车前往，自驾走京顺路在怀柔换行111国道可到 ☎010-61622964 ¥25元

百泉山自然风景区位于雁栖湖与幽谷神潭之间，这里的景色很像江南水乡的清秀山水，各种形状的山峰随处可见，它们形似手指、竹笋、利剑，各有各的特点，各有各的风格，但每座山上都遍布绿色，各种植物把这里覆盖得严严实实。在山间还有清冽的泉水奔涌不息，号称有百泉流淌，而美丽的百泉仙子的故事更是在当地脍炙人口。此外，在百泉山中还有一处猕猴谷，山谷里种满了猕猴桃树，每到猕猴桃成熟的季节，谷中更是一片金黄，更有各种其他野果作为陪衬，十分壮观。

18 濂泉响谷自然风景区

水声阵阵的响谷

★★★★ 玩

濂泉响谷自然风景区西接八达岭，便利。这里以山谷为中心，辅以水流，

✉北京市怀柔区八道河 🚌乘916、936路公共汽车在怀柔县城换乘小巴前往，自驾走京顺路在雁栖环岛路北顺路标行驶 ☎010-61611740 ¥20元

南邻神堂峪、雁栖湖，东连青龙峡，四通八达，交通很是构造出一片山水相依的美妙精致。山谷中山奇石怪，妙趣横生；流水飞泻，瀑布从天而降，四季泉水潺潺，声响不绝，响谷这个名字也由此而来。天宫洞、猫头山、三潭二瀑、神马场、五月冰川、寿龟负重、雁栖源头、原始次生林、间天台等多处景观都很受游客们青睐，漫步在山谷中，各种变化多端的景观鳞次栉比，步步有景，让人眼花缭乱。

19 梧桐岭

一年四季各具特色的景色 ★★★★ 玩

✉ 北京市怀柔区琉璃庙镇梧桐岭村 🚌 乘936路、916路公共汽车在怀柔县城下，转乘去丰宁方向的汽车直达 ☎ 010-61618471 ¥ 15元

　　梧桐岭地处怀柔琉璃庙镇，这里和幽谷神潭、龙潭涧、云蒙山等著名景点相接，占地16平方千米。在这里能看到无数奇峰怪石、苍松古木，有"仙人指"等惟妙惟肖的天然石雕。人们可以沿着环形与剪形两条路，循溪流而行。步入山谷深处，更会发现这里别有洞天，到处都是鸟语花香。一年四季这里都有不同的风采，春有落花，夏有绿树，秋有野果，冬有松柏，不管什么时候来到这里都能体验到不同的美景。登临最高峰，能远眺四方的崇山峻岭，好像胸怀都为之广阔了一般。

20 龙潭涧自然风景区

"北京的雅鲁藏布大峡谷" ★★★★ 玩

　　龙潭涧北依白河，南临云蒙山，长约4000米，两侧山壁高700余米。在这条山涧内共有大小水潭36处，其中簸箕潭、日潭、月潭、龙心潭、梅花潭、眼镜潭等都

✉ 北京市怀柔区琉璃庙镇 🚌 乘936路、916路公共汽车在怀柔县城换乘汤河口方向的小巴在柏查子路口下，自驾走京顺路在怀柔换行怀丰路到柏查子村 ☎ 010-61618140 ¥ 30元

相当著名，而位于下游的七星潭更是被认为是龙王的栖身之所，所以这里就被命名为龙潭涧。每到汛期，这里白浪滔天，跌宕起伏，形成了被誉为"北京的雅鲁藏布大峡谷"的美妙风景。因此这里开辟了漂流活动，游人都能坐上小舟，顺流而下，历经沿途36潭，将这里的景致看个遍。

21 幽谷神潭

看飞瀑与神潭的奇异美景

★★★★★ 玩

📮 北京市怀柔区怀北镇椴树岭村 🚍 乘936路、867路公共汽车到于家园站转乘916支线（狼虎哨）可到，自驾走京顺路在怀柔换行怀丰公路行驶25千米可到 ☎ 010-61622569 ¥ 30元

幽谷神潭位于云蒙山南麓，这里地理位置特殊，拥有丰富的矿泉资源，加之四周环境优越，形成了得天独厚的旅游资源。这里主要有"飞瀑"和"神潭"两大看点，其中飞瀑是指由百泉交汇而成的、从天而降的瀑布，奔涌的泉水从高处直落而下，声势极为浩大，两条瀑布将中间的神潭夹起来，景色更为壮观。而神潭面积则达80平方米，潭面清澈如镜，潭水深6米有余，晶莹剔透。坐在潭边，远离城市的喧嚣，耳边只有水流潺潺的声响，好像这一刻与天地融为了一体。

22 云梦仙境

"北方张家界"

★★★★★ 赏

云梦仙境是传说中鬼谷子的修行地，这里素有"北方张家界"的美称，以奇、险、秀为特色，由青山、绿水、深潭、密林组成一个宛如仙境一般的世界。龙潭涧就从景区内穿行而过，涧内有36潭，每个潭中都有神奇的故事，特别是最后的七星潭，由7处小潭呈梯田状形成，一条瀑布自上而下直贯潭底，极为壮观。而景区内各种山林小径更是探幽的好去处，每条山景两侧都是成片的野生树林，杏花、桃花、梨花、山丹、野菊、映山红等将这里染得五彩缤纷，风光无限。

📮 北京市怀柔区琉璃庙镇东峪村 🚍 乘916、936路公共汽车在怀柔县城下，转乘去汤河口方向的小巴在柏查子路口下，自驾走京顺路在怀柔换行怀丰路到柏查子村 ☎ 010-61618140 ¥ 30元

23 喇叭沟门
首都北大门
★★★★ 玩

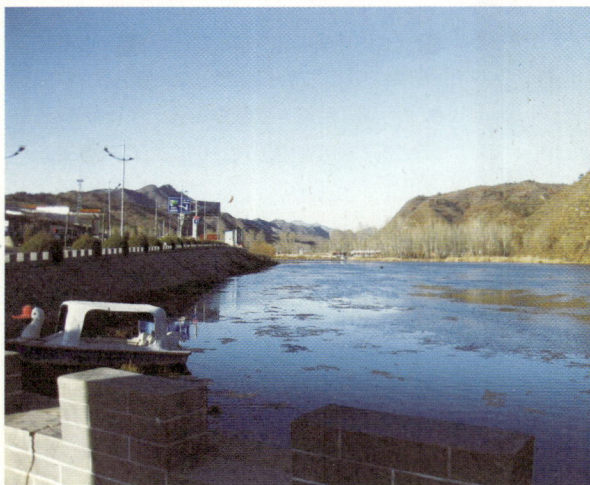

喇叭沟门位于北京市的最北侧，被称做首都的北大门。这里拥有白桦林、野猪林、六月冰川、百丈崖、七仙女浴盆、汤池温泉等知名景点，同时还身为满族民族乡，具有深厚的人文历史底蕴，将自然风光和人文融为一体。在这广阔达41万亩的山场内，有1万亩原始林场和16万亩次生林场，包括山鸡、野兔、花翎雕、獾子、野猪等野生动物生活其中，好一片自然景色。此外，在这里还能体会到原生态的满族风情，品尝满族传统美食，和满族人民一起过节庆祝，别有一番乐趣。

✉北京市怀柔区喇叭沟门满族乡 🚌乘916、936路公共汽车在怀柔县城换乘去汤河口方向的小巴，在汤河口乘936路支线（喇叭沟门）可到 🚗自驾走京顺路在怀柔雁栖环岛左拐行驶1000米

24 火门洞石塔
元代的道教石塔
★★★ 赏

✉北京市怀柔区黄花城水库东山 🚗自驾走京密路在怀柔庙城往西至石厂环岛西行大约35千米

火门洞石塔位于怀柔黄花城水库东山之上，传说这是一座元代时修建的石塔。塔并不大，高2.4米，由花岗岩砌成，主要分上中下三个部分。下部是六边形须弥座，中部是圆柱形的塔身，在西面还开有一个方形小龛，里面可以安放长明火或是祭祀用品。上部则是石制的宝珠。从样式看，这是一座道教宝塔，造型朴实无华。值得一提的是，在宝塔北侧有一座山洞，是过去守塔人居住的地方，因为长年累月被火把上的烟熏，所以洞口已经变成了黑色，故有了火门洞的名字。

25 神堂峪自然风景区
融多种要素于一身的特色景区 ★★★★★ 玩

神堂峪是怀柔最具特色的景区，这里融山川、河流、奇峰、怪石、长城及民俗为一体，环境清幽，没有城市的喧嚣，没有污染，宛如一片世外桃源。沿着这里的山泉漫步，经过清澈见底的龙潭、鳄鱼潭、鸳鸯池，偶尔能够看到有鱼儿在里面欢快地游泳。遥望远处的菩萨帽、鹰嘴岭、神龟石，它们个个鬼斧神工，是大自然赐予我们的杰作。而伟岸的明长城从山间穿过，气势雄浑，犹如一条巨龙在天边飞过，如果能登上最高处的那座烽火台，还能在晚上遥望北京市内的点点灯火，景色美不胜收。

📮北京市怀柔区雁栖镇石片村 🚌可乘宣武门至神堂峪的旅游专线或乘916路、936路公共汽车在怀柔县城换乘小巴前往自驾走京顺路可到 📞010-89617093 💴20元

26 紫云山自然风景区
造型奇特的怪石 ★★★★ 玩

紫云山是怀柔景色最具奇幻色彩的风景区，这里拥有无数奇峰怪石，号称集黄山之奇、华山之险、峨眉之秀于一身。到紫云山最大的乐趣就是攀登，越往高处走，能看到的各种稀奇古怪的景色就越多，像是睡眼惺忪的济公、千年厮守的企鹅夫妻、痛失妻子的下山虎、洁白如玉的莲花峰和飞来石，都是不能错过的景点，而且每个景点还都有不同的传说故事，非常有趣。此外，在紫云山风景区内还设有度假村，累了的话就能在这里休息，外加品尝各种新鲜绿色的健康美食，饱眼福的同时还能饱口福，一举两得。

📮北京市怀柔区怀北镇椴树岭村 🚌自驾走京顺路在怀柔换行怀丰路北行至喇叭沟门后顺路标可到 📞010-60627640 💴15元

27 天池峡谷风景区

一年四季多变的风光

★★★ 玩

📍北京市怀柔区怀北镇上黄土梁 🚌乘916路公共汽车至怀柔县城转乘中巴前往，自驾走京顺路在雁栖湖顺丰宁方向公路行驶18千米左右可到 📞010-61622577 💰20元

　　天池峡谷风景区是一处幽静清远、古朴自然的天然乐园，进入这处峡谷，满眼望去四处净是山、石、溪、潭、林等各种形态不一的美妙景致，一块块巨石高高矗立于悬崖之上，眼看着好像就要掉下来一般，让人不觉胆战心惊。而天泉泉水蜿蜒于谷中，两岸藤萝交错，山石耸峙，鸟语花香。人们可以乘上小船，在水中漂流，从下而上观赏这里无边的美景。天池峡谷另一大特色就是一年四季不同的景色，这里春夏秋都是山花烂漫，冬天更有冰瀑奇观，不管啥时候来都能乐在其中。

28 响水湖

怀柔第一大泉

★★★★ 玩

📍北京市怀柔区渤海镇大榛峪村 🚌乘916路公共汽车在怀柔县城转响水湖方向班车前往，自驾走京密路进入怀柔城区后在慕田峪环岛向西行驶8000米左右可到 📞010-89602539 💰25元

　　响水湖位于慕田峪西侧，这里其实是一处天然泉水，因为泉水水量极大，声响如雷，故而被称为响水湖。同时这里还是怀柔水库的源头，作为当地第一大泉，响水湖每天涌出泉水2.6万吨，而且味道甘甜可口，水质上佳。响水湖这么好的水全都是四面优越的自然环境所赐予的，湖四周果林成荫，花草弥坡，空气清新，无论春夏秋冬，这里都极具特色，都有不同的色彩。同时景区内设施十分完备，是度假休闲的极佳去处。

29 北沟摩崖石刻
明朝时留下的精美石刻
★★★★ 赏

北沟摩崖石刻位于北沟村与庄户村交界处，这里有长达2000米的山沟，上面共有8处刻字，是明朝时各方官员来这里视察时所刻写的。文字全都是阴文，字体约80厘米见方，笔迹道劲有力，颇具美感。这些文字全都是直接刻写在自然的山石之上，和大自然很好地融为一体，丝毫没有突兀的感觉。漫步在这些摩崖石刻中，好像进入了一个以天地为展馆的石刻博物馆里一样，只觉得四方刻字气势十足，让人不禁赞叹古代匠人的水平如大自然的鬼斧神工。

📧 北京市怀柔区沙峪乡北沟村　🚌 自驾走京密路在怀柔城北从迎宾环岛向西直行35千米可到

30 黄花城长城
山水相连的长城
★★★★ 赏

📧 北京市怀柔区城关镇　🚌 乘916路京承快车到怀柔南华园三区下车前行至地税站乘怀柔一水长城公共汽车可到，自驾走G6高速公路在昌平西关出口下高速经十三陵和九渡河进黄花镇可到　📞 010-61651818　¥ 34元

黄花城长城位于怀柔城关镇西北方，这里是北京地区少有的山水相连的长城，由于在夏天的时候镇子会被漫天飞扬的黄花所笼罩，故而被称为黄花城。早在元明两朝这里就是重要的边防重地，这里的长城长约10千米，其间有六关、六堡、十七台、三十三座敌楼，防御设施十分严密，可谓是固若金汤。此外，这里也有"三绝景"之称，其一自然就是指长城本身，雄伟险峻的长城在山间蜿蜒，宛如巨龙。其二则是指将长城自然隔开的两片湖泊，其三便是建于明代的板栗园，这三处绝景各有特色，是每个游客都不容错过的。

31 鹞子峪古堡

完好保留的明朝古堡

★★★★ 赏

鹞子峪古堡是北京地区长城中唯一完好保留下来的古堡，古堡本身的规模并不大，而且周围被厚实的城墙围得严严实实的，因此并不好找。古堡所在的鹞子峪在古代由于总有鹞鹰盘旋，故有此名，古堡就建筑在要道之上，整座建筑全都是用石头砌成的，只在南墙上开了个城门，门上刻有"鹞子峪堡"的汉白玉匾额，虽然年代久远，字迹已经有些模糊，但是依然看出道劲有力的笔迹。而登上古堡顶，放眼四周，古堡的全貌可以尽收眼底，那浓浓的历史怀旧感显露无遗。

📧 北京市怀柔区九渡河镇二道关村西鹞子峪沟内 🚍 乘916路公共汽车到怀柔，换乘去黄花城方向的小巴可到，自驾走G6高速公路在昌平西关出口下高速经十三陵和九渡河可到

32 西水峪

独特的水上长城

★★★★ 赏

📧 北京市怀柔区九渡河镇西水峪村 🚍 乘916路公共汽车到怀柔国际会议中心，换乘到西山峪的小巴可到，自驾走G6高速公路在昌平西关出口下高速经十三陵长陵、沙岭、黑山寨、黄花镇可到 📞 010-61651111 ¥25元

西水峪位于怀柔县西北原黄花城乡内，景区内有山，有水，有长城，既有自然景观又有人文建筑。西水峪长城东连慕田峪石佛口东，西连居庸关，留存有正城、水门、堡城、城铺、过门、挡马墙等防御设施，是过去重要的关卡隘口。其中还有水上长城一道，气势过人。在西水峪长城附近还有一处开垦自明朝的板栗园，是当地长城守军平时屯田生产的产物，这座板栗园面积近7万平方米，内有数百棵板栗树，上面结出的板栗个大饱满，味甜香糯，十分好吃，是当地的知名特产。

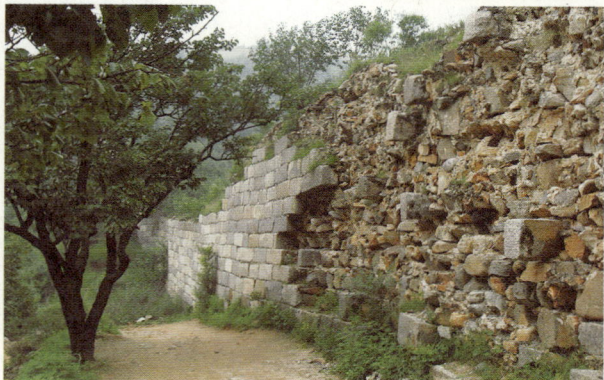

33 飞腾影视城

观赏各种仿古建筑

★★★★ 玩

北京市怀柔区杨宋镇 乘916路公共汽车到怀柔，换乘到飞腾影视城的小巴可到，自驾走京承高速公路在怀柔出口按杨宋镇路标右转下桥后向东行驶2000米可到 010-61679666 ￥50元

飞腾影视城是飞腾影视集团在怀柔设立的最大的影视节目外景和后期制作基地，曾经拍摄和制作了《大宅门》、《倚天屠龙记》、《铁齿铜牙纪晓岚》、《康熙微服私访记》、《还珠格格三》等多部脍炙人口的电视剧。整个影视城占地23万平方米，分作南、北两个区域，其中南区为古城外景区，这里有数百间明清时期的仿古建筑，完全再现了当时城市生活的景象。值得一提的是在这些仿古建筑中最著名的要数国内唯一的太和殿实景复制场景，无数"帝王将相"在这里上演对手好戏，真让人有一种亦真亦幻的感觉。

大赏
京郊

北京郊游攻略TOW

北京郊游攻略 密云县

BEIJING OUTING HOW

密云县地处燕山山脉，自古就是华北通往东北、内蒙古的重要门户，素有"京师锁钥"之称，是北京的东大门，此外密云自然环境优美，被誉为"北京山水大观，首都郊野公园"。

密云县 特别看点!

第1名!
司马台长城!

100分!

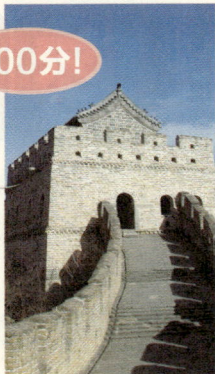

★ 气势雄伟的长城，长城居庸关段中的精华！

第2名!
雾灵山!

90分!

★ 京郊的避暑胜地，林海苍茫的华北名山！

第3名!
云蒙山国家森林公园!

75分!

★ 大名鼎鼎的"北方黄山"，一望无际的云蒙林海！

---

1 # 古北口

长城景观的会聚之处

★★★★★ 赏

📮 北京市密云县古北口镇 🚌 乘980、970、987路公共汽车到密云鼓楼下车，再换乘中巴到古北口镇，自驾走京顺路在枯柳树环岛换行101国道，经过密云县城、太师屯可到古北口镇 📞 010-81052551 ¥25元

古北口是历史上最完善的长城建筑体系所在地，也是该体系保存最完好的地方。这里自古以来就是兵家必争之地，早在南北朝时期

就开始修建长城，北齐时代的城墙遗迹至今仍可以见到。古北口在明代之后成为一处守卫严密的军事要塞，除了关城、烽火台等防御设施外，还有一陆一水，两座城门。这里的山势险要，陡峭的崖壁下方是奔腾不息的潮河，河岸只有一条狭窄的道路可以通行。古北口附近的景点众多，除了古北口抗战烈士陵园外，还有杨令公庙、药王庙、财神庙等景点。

杨令公庙

祭祀一代名将杨业的庙宇

杨令公庙是纪念北宋名将杨业的地方，它始建于宋初，迄今已有近千年的历史，可惜该庙屡遭损毁，现在人们看到的建筑是1992年重建的。这座庙宇不大，前殿里供奉着杨令公的彩色塑像，两侧则是杨家八子的座像。后殿里供奉的是佘太君塑像，其左右是八姐、九妹、穆桂英、杨排风等这些人们耳熟能详的杨门女将的塑像。

❷ 司马台长城 （100分!）

气势雄伟的长城

★★★★★ 赏

　　全长5400余米的司马台长城是长城居庸关段中的精华部分，它建于明洪武初年，并经过多次整修，气势极为雄伟。它蜿蜒于崇山峻岭之间，在蓝天白云的映衬之下，蔚为壮观。司马台长城的构造复杂多变，仅城墙就分为单面墙、双面墙、梯形石墙3种，敌楼的样式也是各不相同，顶部样式中有许多是这里所独有的。沿着长城前进，可以俯瞰四周的壮丽河山，也能追思访古，感受当年那铁马金戈的气息。此段长城中最狭窄的一段，坡度85度，近乎垂直，砖石砌就的道路仅可容脚，两侧则是悬崖陡壁，中间这一道台阶细如线，被人们称为"天梯"。

📮 北京市密云县司水路古北口镇司马台村北

🚌 乘980、970路公共汽车到密云汽车站，换乘去司马台的专车可到，自驾走京承高速公路在密云城东出口下高速走101国道可到

📞 010-69031051　¥40元

③ 古北口民俗村

景观众多的古村 ★★★★ 玩

古北口民俗村是以众多历史景观著称的，它坐落在崇山峻岭之间，保持着古朴典雅的风貌。这里最著名的景观当数古北口阵亡将士纪念碑，那是纪念在1933年古北口抗战中牺牲的将士们的地方。古北口民俗村里庙宇众多，除了大名鼎鼎的杨令公庙外，药王庙是举行一年一度庙会的地方，琉璃影壁、三眼井也是不容错过的胜景。这里还是进行民俗旅游、体验农家乐的好地方，当地的踩高跷、驾旱船等传统活动令人眼花缭乱，而打面茶、炸元宵、驴打滚等佳肴也让人赞不绝口。

✉ 北京市密云县古北口镇　🚌 乘980、970、987公共汽车到密云鼓楼下车，再换乘中巴到古北口镇，自驾走京顺路在枯柳树环岛换行101国道，经过密云县城、太师屯可到古北口镇　☎ 010-81052005

④ 紫海香堤艺术庄园

位于长城脚下的薰衣草花园 ★★★★★ 赏

✉ 北京密云县古北口镇汤河村　🚌 乘980路公共汽车到密云县城公交总站，换乘司马台长城班车，告知售票员香草园下车即可。周六、日有直达紫海香堤专车。自驾走京顺路在枯柳树环岛换行101国道，经过密云县城、太师屯可到古北口镇　☎ 010-51666870

古北口的紫海香堤艺术庄园是北京最大的薰衣草花园之一，它是以秀美柔和的景观著称的，受到当下文艺青年们的追捧。这里种植很多薰衣草品种，它们和其他花草一样，成块种植，整片地域宛如一个巨大的调色拼盘，给人以无比华丽的感觉。漫步在薰衣草花田中可以感受到这里的浪漫氛围，它们与远处的绿色山林、飘浮着白云的苍穹相互衬托，真是至高无上的精神享受。在这里还能看到古老的长城，它们在花朵的映衬下，也显得柔和起来。

⑤ 蟠龙山长城

历史上战事频发的一段长城

★★★★ 赏

平均海拔只有100多米高的蟠龙山长城是北京长城中战事最为频发的一处，这里因为没有得到大规模的重修，所以很多地段都保持着残破的战后风貌。将军楼是这里的制高点，它居高临下，能够让指挥者对战场的形势作出正确的判断，因此在抗战中，此地是敌我双方争夺的焦点，因而墙壁上布满着弹痕。蟠龙山长城的城墙上布满青苔，残破的墙壁让人不禁想起那段铁马金戈的历史。这里还有一个拥有22个门洞的敌楼，在整个长城建筑史上也是较为罕见的。

✉ 北京密云县古北口镇古北口村 🚌 乘980、970、987路公共汽车到密云，换乘小巴可到，自驾走京顺路在枯柳树环岛换行101国道，经过密云县城、太师屯可到
📞 010-81052551 ¥ 25元

⑥ 番字牌石刻

刻有多种文字的石刻

★★★★ 赏

✉ 北京市密云县溪翁庄镇 🚌 乘970、980、987路公共汽车到密云县，换乘中巴可到，自驾走京顺路在密云水库西线北行至溪翁庄镇 📞 010-65130828

番字牌石刻位于密云的一座籍籍无名的小山的南侧山壁上，刻绘具体时间不详，从风格上来看，大约是明代的作品。这些文字共分为20多组，长期以来没有得到辨认，因此被当地人称为番字碑。20世纪80年代的时候中国社会科学院民族研究所的专家对此碑进行了鉴定，它们分别是古老的梵文、少数民族所使用的蒙文、藏文等，其内容是佛教的"唵嘛呢叭咪吽"六字真言。这块石刻是我国北方较为少见的非汉字文字艺术的精品，具有一定的观赏价值。

7 云蒙山国家森林公园 75分!

大名鼎鼎的"北方黄山"

★★★★ 赏

乘 乘936路支公共汽车可直达景区
☎ 010-61622381 ¥ 25元

云蒙山是北京郊外著名的自然景区，它是以峰、石、潭、瀑、云、林等景观著称的，素有"北方黄山"的美誉。这里的林木茂密，花草繁茂，每到春天的时候就会出现漫山遍野的映山红景观，因此公园会在4月中旬至5月底的时候，举行盛大的映山红观赏节。漫步在云蒙山中，既可以在寂寂无人的旷野中感受大自然的壮丽，也能与同伴畅游在花海之中体会一年花季的灿烂。这里拥有许多奇妙的景观，其中包括多处造型奇特的石崖，也有蔚为壮观的牛心索瀑布，一望无际的"云蒙林海"更是让人心旷神怡。

8 云蒙山长城遗址公园

穿行于云雾中的长城

★★★★ 赏

📧 北京市密云县密关路　🚌 乘970、980、987路公共汽车到密云县，换出租前往，自驾走京承高速公路在怀柔出口下高速后换行111国道可到
📞 010-61025248　💰 25元

平均海拔有近千米高的云蒙山上有蜿蜒崎岖的长城，远远望去宛如一条在云中穿梭的巨龙。这里的长城主要以明长城为主，间或也能见到古老的北齐长城的身影，它们盘旋起伏于山谷之间，与山川浑然一体，有着古朴苍凉的美感。云蒙山长城大都是以砖石砌筑而成，内部则以夯土作为填充物，外侧还叠筑垛口用于作战。沿着长城前行就来到了东水谷关城及古水关遗址，那里曾是一处战略要地，是边塞上的防御支撑点，附近的古迹众多，自然风光也颇为秀丽。

9 云蒙峡风景区

位于大山深处的秀美峡谷

★★★★ 玩

云蒙峡风景区是一个景色秀美的地方，那里山清水秀、怪石嶙峋，还有各种奇妙的动植物景观。漫步在峡谷中，可以看到高大挺拔的山峰，它们与一旁的幽深沟壑形成了鲜明的对比，而奔流不息的瀑布冲击水潭的声音在数百米之外仍可听到，飞洒的水珠在阳光的照射下会形成一条绚丽多姿的彩虹。山谷中还有清澈的溪流，活泼可爱的鱼儿在其中畅游，平静的水面不但倒映着蓝天白云，还将林木葱茏的山崖一并纳入，此情此景美不胜收，山光水色令人沉醉不已。

📧 北京市密云县密云水库西侧　🚌 乘970、980、987路公共汽车到密云县，换乘小巴前往，自驾走京密路在密云沿密云水库西线行驶23千米可到　📞 010-69050121　💰 21元

10 五座楼森林公园

依山傍水的秀美景区

★★★★ 玩

北京市密云县205省道密关路 乘987路公共汽车在梨树沟下，自驾走京密路在密云换行京西路到溪翁庄沿环湖西路行驶 010-69050018 ¥16元

五座楼森林公园位于密云水库环湖西路旅游线上，是京郊著名的旅游景区，以秀美的山林景观著称。漫步在景区内，登山可览嶙峋怪石，入林可以遍赏红叶美景，沿河而行可以将奇拔秀伟、千姿百态、争奇斗妍的佳境尽收眼底。五座楼森林公园的最高峰海拔为1020米，是人们进行登山运动的好地方，在那可以俯瞰烟波浩渺的密云水库，还能遥望远方的壮丽山河。这是一个进行野炊、露营的好地方，有兴趣的游客还可以在此收集植物标本。

11 三峪风景区

独特的"错长城"景观

★★★★ 玩

三峪风景区是北京的名景之一，它位于密云的西部，有着秀美的山林景观。这里既有令人心旷神怡的自然风景，也有充满奇异色彩的人文古迹，是一个不可多得的复合型旅游景点。石塘峪是三峪风景区的核心景区，那里有一段200米长的长城，被当地人称为"错长城"。这段长城有坚

北京市密云县西田各庄镇牛盆峪村 乘960路公共汽车到密云剧院，换小巴可到，自驾走京承高速公路在14号出口下高速，在开放环岛右转走101国道直行8000米 010-61008258 ¥25元

固的城墙和高大的望楼，射孔望台也一应俱全，只是它的前后两端都没有与其他长城相连接，颇有形单影孤之感。来到这里的游人们还可以进行野炊、露营等旅游活动。

12 桃源仙谷风景区

风景秀美的生态旅游景区

★★★★★ 赏

桃源仙谷风景区的生态环境保存得很好，来到这里的游人们可以欣赏壮丽的山林风光，也能在碧波荡漾的湖泊中划船。漫步在这个犹如世外桃源一般的景区内，会被那韵味悠长的景观所吸引，一湖六瀑十三潭无不是让人流连忘返的美景。桃源仙谷风景区拥有着令人心旷神怡的野趣，那高达60多米、气势雄伟的桃原仙瀑是最具冲击力的景观。这里还有许多奇特的峭壁怪岩，将军石、定海神针的造型惟妙惟肖，峡谷之中还有随风摆动的芦苇荡。

✉北京市密云县密云区石城镇 乘乘970、980、987路公共汽车到密云县，换乘小巴前往，自驾走京承高速公路在密云出口下高速朝水库方向直行 ☎010-61025309 ¥45元

13 遥桥峪

北京郊外的民俗旅游村

★★★ 赏

✉北京市密云县新城子乡遥桥峪雾灵山脚下 乘乘970、980、987路公共汽车到密云县，换乘到遥桥峪的专线可到，自驾走京承高速公路在桑园路口右转行驶35千米可到 ☎010-81022937

遥桥峪是北京的古村之一，它在明代曾是拱卫京师的军事要塞所在地，现在则是北京第一批民俗旅游度假村之一。这里的古村风貌得到了很好的保存，那些很有年头的老屋都饱经岁月的洗礼，墙壁上的风霜痕迹都在默默诉说着古村的历史。遥桥峪的古堡得到了一定的修复，游人们能够在其中探访并感受战争的遗迹。来到这里的游人们能够前往朴实的村民家中，品尝味道正宗的农家乐饭菜。

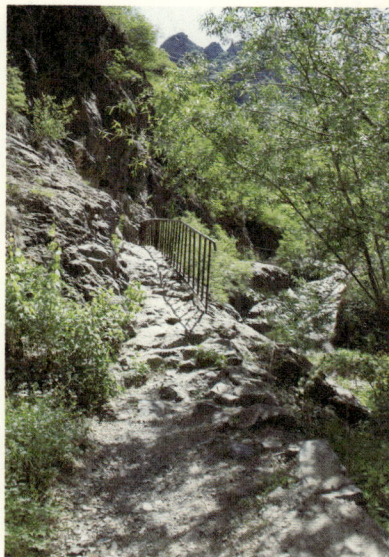

⑭ 云岫谷风景区

新兴的游猎风景区

★★★★ 玩

云岫谷风景区的名气虽然不大，但是生态环境保存得很好，野生动植物众多，是北京郊区最著名的游猎景区之一，江泽民书记亲笔为景区题词："湖光山色尽收眼底。"这里的核心景点是全封闭式的游猎场，游人们可以体会作为猎人狩猎的感觉，当枪口瞄准鹿、狍、山鸡、野兔等野生动物时，会让人感到血脉贲张；等到了盘点收获的时候，又会让人笑逐颜开。云岫谷内还有让游客练习枪法的飞碟射击场，而水秀石红的地质现象和古四纪的冰川潭砾巨石群都是全国罕见的奇观。

✉ 北京市密云县新城子乡遥桥峪 🚌 乘970、980、987路公共汽车到密云县，换乘小巴前往，自驾走京承高速公路在密云城东出口下高速，桑园路口右转可到 ☎ 010-81022367 ¥ 31元

⑮ 雾灵湖自然风景区

以湖光山色为卖点的景区

★★★★ 玩

✉ 北京市密云县新城子乡遥桥峪 🚌 自驾走京承高速公路在密云城东出口下高速，桑园路口右转可到 ☎ 010-81021788 ¥ 31元

雾灵湖自然风景区的前身是遥桥峪水库，现在被开辟成为水上乐园，是密云地区最受欢迎的主题公园。这里拥有动人的湖光山色，来客可以乘坐大型游轮欣赏周边美景，也可以乘坐快艇体验劈波斩浪的感觉。景区内的一大名景是长达500米的高空滑索，它穿越过水面，给乘坐者带来的刺激感觉是难以言喻的。这里还有一个跑马场，游人们可以体验策马奔腾的感觉，不过需要小心驾驭。雾灵湖还是品尝农家乐食品的好地方，各种野味都是天然无公害食品。

16 雾灵山 （90分!）

京郊的避暑胜地

★★★★ 玩

北京密云县新城子镇曹家路村 乘980路公共汽车到密云，换乘密云至大脚峪的班车，到曹家路下车可达，自驾走京承高速公路在密云城东出口下高速，桑园路口右转可到 010-81022498 ¥90元

雾灵山是我国的名山之一，它鲜有现代工业文明留下的痕迹，自然生态环境得到了很好的保护，是华北地区植物资源丰富的地区之一，有"天然植物园"之称。这里林海苍茫，崇山峻岭间的美景令人心旷神怡，自然景观与人文景观浑然一体，宛如一幅风格独特的生动画卷。漫步在雾灵山中，被秀美的自然风光所包围，潺潺的流水则给景区带来了生机与活力。这里的四季景观各不相同，春季百花盛开，夏季林木葱茏，秋季可观漫山遍野的红叶，冬季银装素裹有着清冷飘逸的神韵。

17 密云黑龙潭

位于峡谷中的水潭

★★★★ 赏

📧 北京密云县石城镇子大关桥 🚌 乘980
路公共汽车到密云鼓楼下车，换乘小巴前
往，自驾走京承高速公路在密云县城朝水
库方向行驶 📞 010-61025028 💴 40元

　　黑龙潭是一系列水潭的统称，
它们位于密云县石城乡一条峡谷
里，正逐渐成为北京的名景之一。
进入景区之后，首先看到的就是大
名鼎鼎的黑龙潭，该潭水色碧绿，
宛如一块翠玉，令人叹为观止。在经过悬潭、沉潭等景点后，就能逐渐听到水流的声音，汹涌澎
湃的"通天瀑"就映入游人的眼帘，它的气势威猛，滔滔水流激起朵朵绚丽的水花。黑龙真潭是
这里的核心景点，无论从哪个角度看去，水面的颜色都是墨绿色。

18 小口城堡
古代城堡的遗址

★★★ 赏

小口城堡位于密云县新城子镇的小口村内，它建于明代万历年间，迄今已有400多年的历史。这座城堡是当时明朝边军的屯营地，驻扎在这里的部队既可以扼守交通线，又能机动灵活地打击敌军。小口城堡至今仍残留有部分城墙，高3至4米，厚约2米，建筑在山崖之上，居高临下，地势颇为险要。这座城堡根据地形的不同，既砌筑有直线城墙，也砌筑有弧形城墙，原来的城门已被拆毁，只剩下基座上大型条石。

✉ 北京市密云县新城子镇　🚌 自驾走京承高速公路在密云城东出口下高速，桑园路口右转可到　☎ 010-81021974

19 冶仙塔
造型优雅的辽代古塔

★★★★ 赏

✉ 北京市密云县城东北　🚌 乘980路公共汽车到密云县城下车，转乘密6、密支6路至冶仙塔景区站下车即到，自驾走京顺路在密云县城东北可到　☎ 010-69091102

冶仙塔是北京地区历史最为悠久的古塔之一，它始建于辽代，迄今已有近千余年的历史，历史上曾多次毁坏重建，但一直保持着原有的风貌。这座古塔虽然只有12米高，但是造型与传统塔式建筑颇为不同，平面呈八角形，三檐空心，塔身分上下两层，中间则有独特的装饰层。冶仙塔还是流传着动人的神话古寺，因此成为密云外八景之一。

⑳ 白龙潭
位于长城脚下的水潭　★★★★★ 玩

白龙潭是北京郊外的名景，那里气候凉爽，空气清新，历来是避暑胜地，在明清两代更建有皇室的行宫。这个水潭位于燕山脚下，附近景色秀美，人文景点众多，是一个不可多得的综合性景区。漫步在白龙潭边可以看到碧波荡漾的水面所倒映的诸般美景，蓝天白云、高山绿树都会一一展现在游人面前。这里的古迹众多，既有龙泉寺、五龙祠等庙宇，也有卧龙亭、双龙堡等景观，游人们还可以登上高大的白龙塔远眺密云水库，近观燕山长城。

🚍 北京市密云县太师屯乡龙潭沟村　🚌 乘980路公共汽车到密云县城下，转乘密19、密19支、密20、密21、密24、密26路至白龙潭下车即到，自驾走京承高速公路在密云城东出口下高速到下湾子村
📞 010-69038558　¥30元

21 龙泉谷

景色秀美的山谷

★★★★ 赏

✉北京市密云县大城子镇北部大龙门村 🚌自驾走京顺路在密云换行密兴公路，在大城子镇向北5千米可到 ☎010-81071897

　　龙泉谷是密云的著名景区之一，它是以卓越的自然风光和众多的野生动植物资源而闻名的。走入谷中可以看到潺潺流淌着的龙泉溪，它冬暖夏凉，一直在山间默默地穿行。有趣的是，这里的溪水富含矿物质，饮用之后颇有强身健体的效果，因而受到广大游客们的欢迎。漫步在龙泉谷的森林之中，能够呼吸到都市中少有的新鲜空气，茫茫的林海会让人感到心旷神怡。这里是钓鱼、登山的好地方，同时也是进行野炊、露营等休闲活动的好场所。

22 仙居谷

位于峡谷之内的秀美景观

★★★★ 赏

　　仙居谷内拥有很多充满神秘色彩的洞穴，因而吸引了众多来此探险寻奇的游客。来到谷内最先看到的是碧波荡漾的"高山湖泊"，它镶嵌在青山绿树之中，景色十分秀美。沿路前行可以看到遍开鲜花的谷地，杜鹃、桃李、绣线菊、山樱桃、山菊花、映山红等各色花朵争奇斗艳，令人赞叹不已。抗日洞是谷内的一处天然洞穴，据说那里曾经是抗日游击队的隐蔽场所。仙居谷是进行采摘活动的好地方，各种口感甚佳的天然水果可以让游人大快朵颐一番。

✉北京市密云水库上游太师屯镇 🚌乘970、980路公共汽车到密云汽车站下，转乘小巴前往，自驾走京承路行至三元路口右拐行驶大约8000米可到 ☎010-69035388 ¥21元

23 天云山风景区

风光秀美的山林景区

★★★★ 玩

📮 北京密云县新城子镇 🚗 自驾
走京顺路在密云走新城子方向可到
📞 010-81021141

天云山是密云著名的山林景区，那里林海苍茫，自古以来就是当地的旅游胜地，现在更是吸引来自海内外的游客到此休闲度假。这里的景观众多，除了令人心旷神怡的茫茫林海外，还有"神鹿石"、"鸳鸯石"、"石猴迎宾"等奇石怪岩。天云山的主峰高达1149米，是一个进行登山活动的好地方，游人们能在此俯瞰四周美景，瞭望远方的壮丽河山。这里还有古长城经过，它们以点将楼为核心，形成一处双层城墙的堡垒，是当时作为军事要塞的瓮城。

24 九龙十八潭风景区

山林中的水潭美景

★★★★★ 玩

九龙十八潭自古以来就是京郊美景，它被誉为北京四大奇潭之一，附近山高林密、峰奇石怪、泉眼众多、潭瀑交错，诸般美景一应俱全，自开放以来就备受游客们的赞誉。水深10余米的龙头潭是这里的奇景之一，清澈见底的水面，给人以秀美绝伦的感觉。神龙倒挂是一帘落差为40余米的瀑布，它的气势雄伟，溪流落下溅起的水花绚丽无比。这里还有许多古老的洞穴景观，古洞悬阳，望泉洞、仙药洞、卧虎洞都各有特色。

📮 北京密云县太师屯镇石岩井村 🚗 乘980路公共汽车在密云鼓楼下车，到密云大剧院换乘前往景区的旅游班车，自驾走京承路在桑园路口右转可到 📞 010-69035368 💰 20元

25 黑山寺风景区

历史悠久的寺庙

★★★★ 赏

📧 密云县翁红镇黑山寺村 🚌 乘980路公共汽车在密云县城换乘密云至黑山寺专线公交可达，自驾走京顺路在密云水库西线北行至冯家峪后可到 📞 010-69015788

黑山寺风景区是因这里的古老寺庙黑山寺得名的，相传它建于唐宪宗年间，后在清代得到了大规模的重修，当地至今仍流传着乾隆时期的名臣刘墉在此处惩恶扬善的故事。这座寺庙所在的山体，远远望去就如同一座黑色的山脉一般。黑山寺风景区里种植了很多奇花异草，其中以千年平顶松最为珍贵，它是国家一级保护树木，人们从不同距离不同角度欣赏，树型大小都没有变化，奇妙无比。

26 京都第一瀑

奔流不息的瀑布

★★★★ 赏

京都第一瀑位于柳棵峪谷内，它是北京地区落差最大的瀑布，因而吸引着很多游客前来旅游参观。走进峡谷就能渐渐听到水流冲击的轰鸣声，走近之后能够看到，瀑布从悬崖峭壁上飞流直下，恰似一条白练从天而降，并激起一朵朵水花。瀑布所形成的水雾在阳光的照射下闪烁着绚丽的色彩。峡谷内还有众多形态各异的水潭，它们也都是各有特色的景点，有兴趣的游客可以一一鉴赏。这里的四季景观各不相同，到了冬天还有独特的冰瀑美景。

📧 北京市密云县石城镇张家坟 🚌 乘980路公共汽车在密云鼓楼大街站下车，转乘至京都第一瀑小巴即达，自驾走京密路在密云县城沿水库西线公路行驶16千米可到 📞 010-69016268 💰 30元

27 龙云山风景区

密云新兴的风景区

★★★★ 玩

✉北京市密云县四合堂　🚌乘980路公共汽车在密云县城换乘密63路至黄土梁站下车即达，自驾走京顺路在密云县城走四合堂方向至白河北岸可到　☎010-69016671　¥22元

　　龙云山风景区是一个新开发的景点，它是一个集旅游观光、休闲娱乐、饮食采摘等多功能于一体的综合性景区。这里的景色秀美，既有茫茫的林海，也有嶙峋的怪石和险峻的山崖，主峰顶部有一个小型天池，游人在那里可以荡舟天池，并在清风的陪伴下进行消暑等活动。龙云山的四季美景各不相同，春季山花烂漫，夏季峰泉叠涌，秋季硕果飘香，冬季雪压松柏，它的优美景观，会一直保留在游览过的人们心中。

28 云峰山风景区

北京最大的摩崖石刻景区之一

★★★★ 玩

✉北京市密云县不老屯镇燕落村　🚌乘980路公共汽车在密云鼓楼站下车，转乘密19、密20、密21、密22路公共汽车至燕落大队站下车，换乘景区接驳车即达，自驾走京承高速公路在密云出口下高速，走密溪路至溪翁庄后走环湖公路可到　☎010-81098688　¥25元

　　云峰山风景区是一个将自然景观和人文景点巧妙地结合为一体的地方，这里的古建筑暗合中国传统的天人合一的思想，因而有其独到之处。沿着山路前行可以看到历代书法大家所创作的题刻艺术作品，其中以著名书法家郑道昭最为著名，他在此留下了17幅作品，主要刻石有《郑文公下碑》、《论经书诗》、《观海童诗》等，是楷书艺术的杰作，因此被选为国家级重点文物保护单位。

29 清凉谷
景色秀美的避暑胜地 ★★★★★ 赏

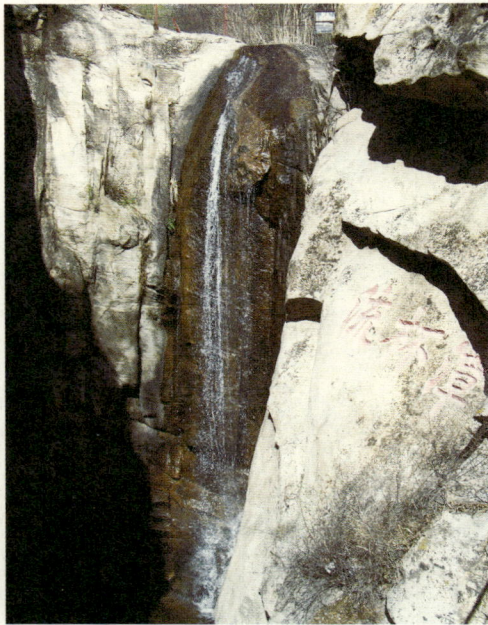

📮北京市密云县石城乡北石城村 🚌乘980路公共汽车在密云县城换乘密60、密61、密62、密63、密64、密65路公共汽车至石城北站下即达，自驾走京承路在桑园路口右转可到 ☎010-69015455 ¥36元

清凉谷是京郊的一处避暑胜地，这里风景优美，娱乐设施众多，能够让人感到不虚此行。漫步在林木葱茏的山谷内，可以看到松柏花草等植物景观，缠绕在树间的藤蔓让人惊奇不已，花丛中还有彩蝶在上下纷飞。来到景区内可以在碧波荡漾的湖面上进行划船比赛，也能参加有趣的跨越水上浮萍、穿行水上软桥等活动。这里还有多处景色怡人的水潭、瀑布，能够让人欣赏到"曲径出道林荫下，飞流击石水叮咚"的自然美景。

30 天门山
仿如人间仙境的奇山 ★★★★ 赏

📮北京市密云县石城镇柳棵峪 🚌乘980路公共汽车在密云鼓楼站下，转乘去四合堂方向的小巴，在京都第一瀑下车牌楼往里走即到，自驾走京密路在密云县城沿水库西线公路行驶16千米可到 ☎010-69016673 ¥26元

天门山是近些年来发现的奇景之一，它虽然名气不大，但奇异的景观和秀美的山林却不逊于别处。来到景区内会被这里的自然风景所吸引，翠绿的青山与清澈见底的溪流共同构成了一幅宛如人间仙境的美景。海拔800多米高的天门山是这里的核心景点，它的山体狭窄尖锐如同刀锋一般，中间有一个巨大的缺口，阳光从那里直射下来，形成了"日出天门"这种奇特的自然景观。来到天门山还可以进行垂钓、采摘、野炊等富有情趣的娱乐活动。

31 白岭关长城

富有野趣的古长城

★★★★ 赏

✉ 北京市密云县新城子乡头道沟村 🚍 乘980路公共汽车在密云汽车站下车，转乘去新城子方向的小巴到寨子村下，自驾走京承高速公路在司马台出口下高速，走松曹路可到 ☎ 010-81022491 ¥ 10元

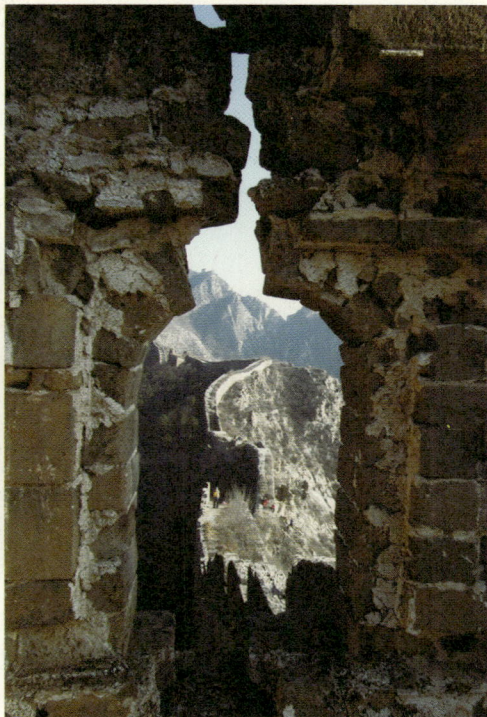

　　白岭关长城是明长城的一部分，因为它不是什么著名的景点，所以保持了风化后的独特景观。这段长城现在只剩下残垣断壁，许多地段已经无法相连，但依然能够感受到它曾拥有的雄伟气势。建在孤崖上的敌楼虽颇有残损，但主体建筑保存得很好，游人们可以登上敌楼俯瞰四周的山川景色。来到白岭关既可以自己动手野炊，也能够在山下的村庄品尝纯天然的乡村风味。

32 卧虎山

形似卧虎的小山

★★★★ 赏

　　卧虎山是京郊名山之一，它的形态酷似一只正卧倒休息的猛虎，故得此名。这里的人文景观众多，北齐的阴山长城至今仍能看出大概轮廓，而明代长城则是用于拱卫重镇古北口的，敌楼、烽火台等建筑设施等得到了很好的保存，是游人们的必去之地。卧虎山上还有祭祀吕洞宾的吕祖庙，明万历年间建造的伊斯兰清真寺等。站在海拔665.22米的卧虎山上可以俯瞰到古北口的全貌。

✉ 北京市密云县古北镇 🚍 乘郊116路公共汽车在卧虎山长城站下车即达，自驾走京密路在密云走101国道向北行驶可到 ☎ 010-81051291 ¥ 25元

33 白河游乐园

景色秀美的水上乐园

★★★★ 玩

北京市密云县国际游乐场北侧 乘987路公共汽车至京智北站下车即达，自驾走京顺路至密云，沿水库西线公路行驶约6000米可到 010-69186630

　　白河游乐园位于白河古道上，用现代技术堆砌出了一个巨大的湖泊，那就是这里的核心景点碧云湖。碧云湖附近的游乐项目众多，既有劈波斩浪的摩托艇，也有悠然自得的小船，还有适合情侣约会的水上自行车，它们能够让游客体会到不同的情趣。月牙湖风景秀美，四周林木葱茏，能够给人带来心旷神怡的感觉，其附近的二柳湖则是垂钓的好地方。白河游乐园还有马场，游客们在那可以体验骑马射箭的感觉。

34 云佛山旅游度假村

位于燕山脚下的旅游度假村

★★★★★ 娱

北京密云县溪翁庄镇 乘987路公共汽车直达，自驾走京承高速公路在16号出口下高速向北直行过密溪路沿路标行驶可到 010-89032606

　　云佛山旅游度假村是北京著名的旅游度假村之一，它拥有秀美的自然景观和各种先进的娱乐设施。这里的标志物是一个写在山坡上巨大的"佛"字，它高99米，宽56米，颇为醒目，云佛山大溶洞就位于它的下方。走入溶洞内部可以看到许多奇妙的地质奇观，各种钟乳石、石花、石幔应有尽有，而造型精美的佛祖像则是这里的象征。景区内的娱乐设施很多，既有供人漂流的河道，也有进行各种体育活动的场所，生态大棚是进行采摘的好地方。

35 云佛山滑雪场

北京最大的滑雪场之一

★★★★ 玩

北京市密云县溪翁庄镇 乘乘987路公共汽车直达，自驾走京承高速公路在16号出口出高速向北直行过密溪路沿路标行驶可到 010-69017086

云佛山滑雪场的占地面积为45万平方米，是北京乃至华北最大的滑雪场之一，设施完善，各种雪上项目场地齐全。这里有两条长800米、落差130米的高级雪道，那是职业运动员进行比赛的地方；也有300至600米长的中级滑雪道，而100至380米长的初级滑雪道是初学者体验滑雪乐趣的地方。滑雪场内还有雪上摩托赛道、马拉雪橇和狗拉雪橇等有趣的娱乐项目。

36 瑞海姆田园度假村

北京第一家五星级度假村

★★★★★ 娱

北京市密云县北京西大桥路2号 乘乘980路公共汽车至西大桥站下车即达，自驾走京承高速公路在密云出口下高速顺路标行驶可到 010-69658360

瑞海姆田园度假村是一个以近代欧陆风情为特征的度假村，同时也是北京第一家五星级度假村。这里充满了维多利亚时代的乡村风情，独特的田园风光让人赞叹不已，房屋、庭院、河流、湖水、小桥、亭阁、花灯和上百种乔灌花木中隐现的曲折小路共同构成的西方式景观。来到瑞海姆的人们可以体验田园烧烤的乐趣，也能在薰衣草花田中感受浪漫气息，高尔夫球场是一个健身休闲的场所，巴塞罗那西餐厅里提供各种欧式美食。

大赏
京郊

北京郊游攻略 HOW

北京郊游攻略

BEIJING OUTING HOW

顺义区

　　京东第一大河——潮白河纵贯南北的顺义，拥有全国最大、设备最先进的航空港——首都国际机场，堪称中国的国门所在。

顺义区 特别看点！

第1名！
焦庄户地道战遗址！
100分！
★ 展示劳动人民的聪明智慧，参观抗日地道战！

第2名！
京东大芦荡风景区！
90分！
★ "京郊小白洋淀"，北京最大的湿地生态圈之一！

第3名！
顺义奥林匹克水上公园！
75分！
★ 奥运会的分会场，北京奥运会面积最大的场馆！

意大利农场
Agrilandia Italian Farm

1 顺义奥林匹克水上公园 （75分！）
奥运会的分会场　★★★★★ 玩

顺义奥林匹克水上公园
SHUNYI OLYMPIC ROWING-CANOEING PARK

✉ 北京顺义区北小营镇白马路　🚌 乘东直门至北小营通勤快车至奥林匹克水上公园站下，自驾走京承高速公路在白马路出口下高速后向东行驶17千米　📞 010-89482008　💴 20元

　　顺义奥林匹克水上公园是为了北京奥运会而修建的，是北京奥运会面积最大的一座场馆，位于顺义区马坡乡潮白

河。在奥运会期间这里进行包括激流和静水小项在内的赛艇专项以及皮划艇项目，来自世界各地的运动员在这里激烈拼搏，创造了不少好成绩。奥运会后，这里作为公园向大众开放，目前公园内主要分灯塔广场、世帆赛基地、万平口生态广场和水上运动基地四个部分。公园以水为中心，围绕着水大做文章，随处都能看到和水有关的建筑和装饰，让人印象深刻。

2 唐指山

鸟语花香的美丽山谷

★★★★ 赏

📧北京市顺义区木林镇北部 🚌乘970路公共汽车至唐指山站下，自驾在走京顺路在顺义换行顺密路可到 📞010-69403788 ¥10元

唐指山位于顺义东北部，景区内主要包括唐指山大峡谷、唐指山、神唐湖等多个部分。其中唐指山大峡谷由神唐谷、鞑子沟和十二涧组成，谷内一片山水秀丽的浪漫风情，流泉飞瀑，怪石林立，树林葱郁，鸟语花香，特别是还有锁风洞、蛤蟆石、八棱碑矿泉等三潭六洞十八景，每个景点都有优美的传说，给人以深刻的印象。而登上唐指山，四面风光尽收眼底，山山水水就好像一幅大师创作的风景画一般，让人更感觉到天地的宏大气魄。

3 京东大芦荡风景区 90分!

"京郊小白洋淀"

★★★★ 玩

京东大芦荡风景区位于顺义东部，是北京地区面积最大的芦苇生长区，也是一处保护得很好的湿地生物圈。这里芦苇丛生，面积达153公顷，每到秋季更是芦花飘荡，满眼白茫茫一眼望不到头，这也为这里带来了"京郊小白洋淀"的美誉。除了芦苇，在大堤外还种植了53公顷的荷花，每到夏天，花儿怒放，整个水面都被粉红色的花朵染得分外妖娆。同时还引来了苍鹭、白鹭、黑水鸡等水鸟在这里生息。人们可以在这里骑自行车到处探索，还能体验在湿地野钓的乐趣，有看有玩，不亦乐乎。

北京市顺义区木林镇 乘915支2路公共汽车到顺义医院下，换乘顺18、顺19路公共汽车到汉石桥站下车即到，自驾走京顺路在顺平路安乐庄村南行到汉石桥即可到达 010-87377680

焦庄户地道战遗址

④

100分!

展示劳动人民的聪明智慧

★★★★★ 赏

北京顺义区龙湾屯镇焦庄户村 在地铁后沙峪站乘顺31路至焦庄户下车即达，自驾走京顺路到顺义后向东行驶，在丰伯道口右转可到 010-60461906

焦庄户地道战遗址位于顺义区东北的歪陀山下，这里在抗日战争时期是在冀东抗日根据地的领导下，当地人民根据实际情况，创造出了地道战、地雷战、麻雀战等战法，将侵略者打得晕头转向，而这处地道战遗址就是向人们展示那时候地道战的实际情况。遗址内共分有展馆区、地道参观区、抗战民居参观区等几个部分，其中人们最感兴趣的当然就是地道参观区，这里的地道是当时实际地道的复原，里面四通八达，出入口十分隐蔽，其中还有指挥所、休息室、单人掩体和各种战斗设施，将我国劳动人民的智慧体现无遗。

5 秦汉古城遗址

先秦时期的城市遗址

★★★★ 赏

北京顺义区后沙峪乡古城村北、温榆河东岸 乘 乘地铁13号线在望京站下转地铁15号线在后沙峪站下，或乘916路公共汽车在牛栏山下，自驾走京密路在怀柔迎宾环岛向西直行35千米可到 010-94672936

秦汉古城遗址位于顺义后沙峪乡古城村北，这里早在战国末期、秦汉时期就是重要的核心城市，在战国时期这里曾经是燕国都城的所在地，而此后也逐渐发展成为郡县的治所，政治地位十分重要。而如今的这处秦汉古城遗址就地处温榆河东岸，是一座东西向的高土岗，底部宽7米，顶宽3米，高约5米，全长百米左右，在遗址上能看到明显的夯土痕迹，而在城中也曾经出土过不少秦汉时期的陶片和砖瓦等物，这些对研究北京地区古代历史都有着极为重要的作用。

6 北京神笛陶艺村

全国最大的陶艺基地

★★★★ 逛

北京神笛陶艺村是全国最大的陶艺基地，也可以说是位于京郊的一座袖珍型景德镇。在这充满神秘色彩的村子里设有拉坯间、利坯间、泥塑间、彩绘间、烧炼间、烤花间等十分专业的制陶工艺间，甚至连所使用的陶土都是来自景德镇。每个游客都可以在这里大显身手，无论最后做出来的作品模样如何，都是一次非常充实的体验。除了亲手操作外，游客们还能学习和了解我国悠久的陶瓷历史和文化，并且买上一些颇具特色的陶瓷制品作为留念。

北京顺义区南彩镇白马路北侧三高农业示范区内 乘 乘915支3路公共汽车在三高示范区站下车即达，自驾走京密路在马坡路口往东4000米可到 010-60489273

7 元圣宫

金碧辉煌的道教庙宇

★★★★ 赏

北京市顺义区牛山 乘 乘916路公共汽车在牛栏山下，自驾走京顺路换行101国道可到 010-69411142

元圣宫旧称真武庙，位于顺义北方的牛栏山下，这里的始建时间已经难以考证，目前的很多建筑是明万历年间所重修的，宫内还摆放着一座万历时重修的碑文。整座元圣宫坐北朝南，门前还有一处明朝的木制质门楼和一对石狮子。寺内主要还留有仪门、前殿、正殿、后殿、东西配殿等建筑，共有40多间。中轴线三大殿装饰精美，上面分别绘有旋子彩画、苏式彩画和空椅彩画等图案。而后殿五间更为壮观，黄绿琉璃剪边，金龙和玺彩画，堪称是古代道教庙宇中的典范。

8 意大利农场
体现意大利文化的度假农场

★★★★ 娱

北京市顺义区白马路马坡镇白各庄　乘
916路公共汽车在马坡站下,自驾走京顺路可到
☎ 010-69407780

　　意大利农场位于顺义马坡镇,是北京第一家全面体现意大利文化的度假农场。在农场里可以看到欧洲风格的酒店、主题餐厅、会议中心、特色购物商店,还有让人们放松和运动的户外足球场、篮球场、综合娱乐场所、迷你动物园等设施,十分先进和完备。农场里的餐厅邀请了意大利设计师设计建造,是一座典型的托斯卡纳式建筑,里面提供正宗的意大利美食和意大利酒,包管游人满意。此外这里还不时有篝火晚会、品酒活动、烧烤晚会、跳蚤市场等活动,每个人来到这里都能玩得尽兴。

9 乔波室内滑雪场

我国第一家室内滑雪休闲主题公园 ★★★★ 玩

📮 北京市顺义区顺安路6号马坡潮白河国家森林公园内
🚌 乘东直门至北小营通勤快车在马坡花园站下车即达，自驾走京承高速公路在白马路出口右转向东直行，在燕京啤酒厂左转可到 📞 010-69419999

　　乔波室内滑雪场位于马坡镇的白河国家森林公园内，是我国第一家以室内滑雪为特色，集娱乐、会议、拓展培训和滑雪运动学校为一体的体育休闲场所。这里设施十分先进，尤其是造雪机器都是来自国外的最新设备，即使是在炎炎夏日，这里依然可以保持半米多的积雪。同时这里还配备了经验丰富的滑雪教练，即使是此前从没有过滑雪经验的人，在这里学上两个小时也能学会滑雪。除此之外，这里还有快餐厅等休闲设施，能让人们轻松摆脱滑雪的疲劳，放松身心。

10 北京高尔夫球俱乐部

北京建立最早的高尔夫球俱乐部 ★★★ 玩

　　北京高尔夫球俱乐部位于顺义，建于1987年，是北京建立最早的高尔夫球俱乐部之一。它占地面积超过百万平方米，设有18洞72杆的标准球道。在这里随处都能看到青绿的草地，蔚蓝的湖泊，在蓝天白云之下挥杆驰骋，将高尔夫球的精髓尽显无遗。这里的球道风格独特，难度适中，有时候各种沙坑、湖泊点缀在绿色的草地上，使得击球难度陡增，而有时候人们还需走进密林之中击球，也不失为一大乐趣。在挥杆之余，人们还能前往这里的餐厅等地方放松休闲，让人颇感贴心。

📮 北京市顺义区顺义俸伯乡 🚌 自驾走机场高速公路在顺平路出口右转5000米至燕京桥，向府前街方向行至光明广场路口右转到东大桥环岛，过桥后的第一个十字路口左转可到 📞 010-89470005

11 北京乡村高尔夫俱乐部

我国第一家完全自主修建的高尔夫俱乐部

★★★★ 玩

　　北京乡村高尔夫俱乐部位于潮白河西岸，占地超过240公顷。这里是我国第一家完全自己投资、自主设计修建、自己经营的高尔夫球场。因此这座高尔夫球场内的环境颇具我国传统风格，在宛如绿色绒毯的草地上装点着碧波荡漾的人工湖、钓鱼岛，洁白娇小的玉石桥连接其间，让这里一切都显得具有江南园林的风采。能在这么优雅的环境中挥杆击球，堪称是人生的一大享受。除此之外，这里各种休闲娱乐设施也十分完备，游泳馆、保龄球、健身房、网球场、高尔夫用品部、茶艺厅、餐饮大厅等能让人玩个痛快。

✉ 北京市顺义区马坡镇潮白河西侧　乘 乘850、989路公共汽车到大营下车可达，自驾走京承高速公路在白马路出口右转行驶16千米可到　☎ 010-69401111

大赏京郊

北京郊游攻略 HOW

北京郊游攻略

平谷区

　　位于北京东北部的平谷区以其独特的自然风光、保存完好的古建筑而闻名，京东大溶洞、大峡谷、金海湖、老象峰、丫髻山无不风光秀美迷人，是度假观光的理想选择。

平谷区 特别看点！

第1名！
金海湖！
100分！

★ 北京最大的水上娱乐场所，北京第三大水库！

第2名！
京东大峡谷！
90分！

★ 京郊最著名的自然景点，惊险奇特的峡谷奇观！

第3名！
京东大溶洞！
75分！

★ 天下第一古洞，千姿百态的钟乳石景观！

---

1 金海湖 （100分！）

北京最大的水上娱乐场所

★★★★★ 玩

✉ 北京市平谷区金海湖镇海子村北 🚌 乘825路、918路公共汽车在平谷汽车站下，换乘918区间金海湖支线公共汽车可到，自驾走机场高速公路换行顺平快速路可到 ☎ 010-69993943 ¥ 36元

　　金海湖是北京第三大水库，也是北京规模最大的综合性水上娱乐场所。它坐落于平谷区东侧，三面环山，重峦叠嶂，景

色秀丽。在这里设有包括游船、快艇、自驾艇、水上飞、水上飞伞等30多种水上娱乐项目。除了有山有水外，这里还有不少值得一看的人文景观，此外充满野趣的农家乐也是人们驻足流连的原因之一。

2 将军关民俗村 ★★★★ 玩
看漫山遍野的栗子花

📧北京市平谷区金海湖镇将军关 🚌乘918路公共汽车到平谷汽车站，换乘平29路到将军关站下车即达，自驾走机场高速公路换行顺平快速路可到 📞010-60986564

将军关民俗村位于金海湖北侧，占地6公顷，这里依山傍水，风景独好，四周的山上种植了漫山遍野的栗子树，每到6月花开时节，淡黄色的栗子花将一切都染上自己的颜色，微风拂过，清香扑鼻。同时，游人们还能在这里体验到传统的农家生活乐趣，品尝当地特有的栗子宴，是体验京郊农村生活的好去处。

📧北京市平谷区金海湖镇红石门村 🚌乘852、918路公共汽车在平谷汽车站下，换乘平30路公共汽车在红石门站下车即达，自驾走机场高速公路换行顺平快速路和平谷新平蓟路，在上宅检查站左转后可到 📞010-60985182

3 红石门民俗村 ★★★★ 玩
品尝著名的南瓜宴

红石门民俗村就位于金海湖镇东北，这里四面都是大山，自然风光优美，盛产各种农产品。尤其是这里出产的南瓜更是闻名四方的产品，当地也有用这种南瓜作为主料的南瓜宴，大受游人们的欢迎。除了品尝美食外，在这里还能看到明代长城和"京津冀"三地界碑，是广大游客旅游放松的热门地点。

4 京东大峡谷 （90分!）

京郊最著名的自然景点

★★★★★ 玩

📧 北京市平谷区夏渔路山东庄镇鱼子山村 🚌 乘852、918路公共汽车在平谷汽车站下，换乘平12路公共汽车在大峡谷口站下车即达，自驾走机场高速公路换行顺平快速路和平谷新平蓟路，在夏鱼路口左转按路标行驶可到 📞 010-60968317 💴50元

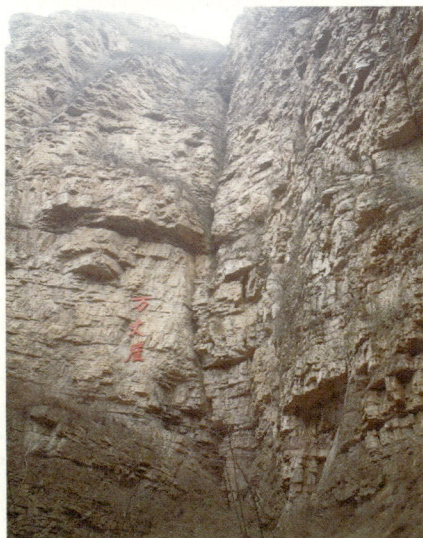

京东大峡谷是京郊最著名的自然景点之一，因其山高谷深，流泉飞瀑，群潭奇险，怪石嶙峋，花木秀丽而被各方游客所青睐，这五大特点也被誉为是大峡谷的"五奇"。大峡谷内四时景色各异，春天山花遍布，鸟儿争鸣；夏天气候宜人，畅快惬意；秋天层林尽染，红叶满山；冬天银装素裹，分外妖娆。游人们在这里或登高踏青，或戏水江河，或泛舟垂钓，享受悠然自得的生活。

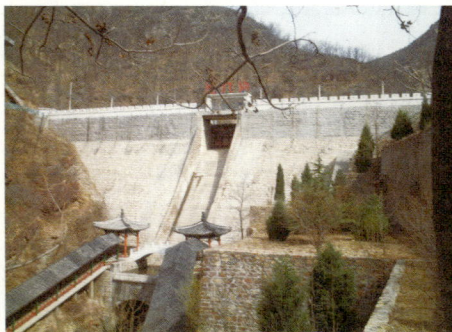

5 黄草洼民俗村

看北京传统的建筑

★★★★ 玩

北京市平谷区金海湖镇黄草洼村 乘 乘852、918路公共汽车在平谷换乘至黄草洼的小巴前往,自驾走机场高速公路换行顺平快速路和平谷新平蓟路,沿金海湖环湖路按路标行驶可到 010-60982534

　　黄草洼民俗村是平谷区很具民俗特色的一座民俗村,村里到处都能看到北京传统的四合院建筑,每间房子都雕梁画栋,很是华丽,而且都采用了传统的建筑风格,和周边的青山绿水有机地融为一体,将这里传统的民俗文化尽显无遗。同时这里还大力发展传统的风筝文化,制作的风筝精美绝伦,极受好评,是各地游人最青睐的纪念品。

6 京东大溶洞 75分!

天下第一古洞

★★★★★ 赏

北京市平谷区北山路 乘 乘852、918路公共汽车在平谷汽车站下,换乘平25、平26路公共汽车到大溶洞站下车即达,自驾走机场高速公路换行顺平快速路和平谷新平蓟路,在胡庄路口左转按路标行驶可到 010-89971708 65元

　　京东大溶洞位于平谷区黑豆峪村东侧,发源于距今15亿年前,有"天下第一古洞"之称。洞内有各种钟乳石景观数十处,各种石管、石笋、石珍珠、石钟乳、石塔、石幔、石人、石兽、石花随处可见,它们样子奇特,变化多端,色彩各不相同。尤其是在洞壁上自然形成了"龙绘天书"。如今在洞里还有休闲区,人们可以在这里品茶休息,别有一番情趣。

7 京东淘金谷

深山藏古寺

★★★★ 玩

淘金谷位于平谷区东北部，这里曾经是平谷黄金储量最多的区域，也被人们称做"金山"。至今在这里还能看到不少当年古法采金、淘金所留下的痕迹。

✉北京市平谷区黄松峪塔洼村 🚌乘852、918路公共汽车在平谷汽车站下，换乘平25、平26、平38路公共汽车到湖洞水站下车可达，自驾走京顺路在平谷胡庄路口向北行驶大约5千米可到 ☎010-60988629 ¥10元

在淘金谷深处还有一座古寺，这座寺规模不大，但是建筑的细节相当精致。古寺旁的崖壁上有很多古时香客留下的墨迹，被称做"高崖古墨"，也是淘金谷内的一大景观。

8 京东石林峡风景区

寻找石林峡三绝

★★★★★ 赏

石林峡占地12平方千米，因为峡内山峰座座垂直矗立，宛如一棵棵参天巨树，所以起名为石林峡。石林峡以其"石林三绝"而享誉四方，其一是一面重达400多千克的铜质大鼓，被称做"华夏第一鼓"；其二是为2008年北京奥运会助威而铸的铜锣，这面锣直径达2008毫米，声音洪亮，堪称"奥运第一锣"；其三则是仿曾侯编钟而制成的"古今第一钟"，这三绝凝结了无数人的心血和结晶，让人过目难忘。

✉北京市平谷县黄松峪乡雕窝村73号 🚌乘852、918路公共汽车在平谷汽车站下，换乘平25、平26、平38路公共汽车在石林峡站下车即达，自驾走机场高速公路换行顺平快速路和平谷新平蓟路，在胡庄路口左转可到 ☎010-60987678 ¥15元

9 上宅文化陈列馆

看新石器时代的遗址

★★★★ 赏

📮 北京市平谷区平蓟路金海湖旅游区 🚌 乘852、918路公共汽车在平谷汽车站下，换乘918区间、平28、平45路公共汽车在金海湖站下车即达，自驾走机场高速公路换行顺平快速路可到 📞 010-69991268 💴 5元

位于平谷韩庄乡上宅村的上宅文化陈列馆是北京地区发现时间最早的新石器时代文化遗址，距今有6000多年。馆内主要陈列着数十年来在上宅发现的各种新石器时代的珍贵文物200多件，其中石斧、磨盘、深腹罐、碗、杯等器物更是反映了古人在上宅地区创建的辉煌文明，反映了当时古人的生产、生活状态。

10 凤凰台

一年四季的不同景色

★★★★ 赏

📮 北京市平谷区山东庄镇 🚌 乘852、918路公共汽车在平谷汽车站下，换乘平25路公共汽车到山车庄站下车即达，自驾走机场高速公路换行顺平快速路可到 📞 010-60968317

凤凰台又名井台山，位于京东大峡谷的东侧，有缆车可以直接从大峡谷通往凤凰台。这里一年四季景色各有不同，春天杏花满山，满眼缤纷；夏天清风拂过，清新爽利；秋天万山红遍，层林尽染；冬天白雪皑皑，偶有蜡梅露出一抹红色。此外，这里还有松林千亩，郁郁葱葱，加之古长城也从这里穿过，也为这里染上了一点历史的凝重感。

11 湖洞水风景区

山水相依的美丽景点

★★★★ 玩

　　湖洞水风景区建成于1989年，是平谷最重要的景区之一，这里谷中有湖，山中有洞，溪水长流，山水相依，一年四季景色变幻，各有特色。这个风景区主要部分是一条长约6000米的大峡谷，主要有峡谷、峰石、菊花园、桑园、杏园、菩萨庙、三娘庙等景点。每年夏天都有不少人专程来到这里避暑休息，还有不少学校也在这里举办夏令营活动。

✉ 北京市平谷区黄松峪乡　🚌 乘852、918路公共汽车在平谷汽车站下，换乘平25、平26、平38路公共汽车到湖洞水站下车即达，自驾走机场高速公路换行顺平快速路和平谷新平蓟路，沿金海湖环湖路按路标行驶可到　📞 010- 60988154　💴 30元

12 飞龙谷

宛如飞龙从天而降的山谷

★★★★ 赏

✉ 北京市平谷区东北黄松峪乡　🚌 乘852、918路公共汽车在平谷汽车站下，换乘平38路公共汽车到梨树沟路口站下车即达，自驾走机场高速公路换行顺平快速路和平谷新平蓟路，在胡庄路口向北行驶15千米可到　📞 010-61947025　💴 15元

　　飞龙谷就位于黄家峪国家公园内，平谷最高的山峰，海拔1253米的狗背岭东山就位于这里。山谷从北向南蜿蜒而下，好似一条飞龙从天而降，所以被称做飞龙谷。谷内还有一条清澈的小溪流过，发源自山上的北高泉。人们站在小溪边就能感到一股凉意直透体内，特别是在冬天甚至还能看到冰瀑的壮丽奇观。此外，谷内还有一处古建筑百帝山庄，被史学家称为"中华一绝"。

13 平谷黄帝陵

人文始祖黄帝的陵墓 ★★★★ 赏

✉ 北京市平谷区山东庄镇山东庄村 🚌 乘852、918路公共汽车在平谷汽车站下，换乘平25路公共汽车到小北关站下车可达，自驾走机场高速公路换行顺平快速路，在夏渔路口左转可到 📞 010-60930188

平谷黄帝陵位于渔子山上，它北靠群山，南临盘岳，东望金海湖，西接平谷古城，是一处风光独好的胜地。如今的平谷黄帝陵重修于1995年，人们登上层层石级，经过巨大的阙门，进入黄帝陵，陵内建筑全部采用仿汉朝的式样，还能看到唐朝诗人陈子昂所作的《轩辕台》一诗的石刻。正殿内供奉有轩辕黄帝的彩塑雕像，左右分别是伏羲与神农，显得庄严而神圣。

14 老象峰自然风景区

状似巨象的神奇山峰 ★★★★ 玩

✉ 北京市平谷区大华山镇小峪子村 🚌 自驾走机场高速公路换行顺平快速路，在平谷官庄路口左转可到 📞 010-61940018 💴 20元

老象峰位于平谷区小峪子村北，因为形似一头老象而得名。这头巨象头朝西，尾朝东，身长80多米，高50多米，长长的象鼻直插山谷，好像是在低头吸水一般。围绕着巨象，还有一大片峡谷，这里山谷蜿蜒曲折，山势雄奇险峻，各种野生动物出没其中。游人们可以在这里充分和大自然接触，也能在山谷间的湖中垂钓，悠然自得好似隐士一般。

15 行宫民俗村

多任帝王驻跸的行宫 ★★★★★ 玩

✉ 北京市平谷区刘家店镇行宫村 🚌 乘918路公共汽车在官庄路口站下，换小巴可达，自驾走机场高速公路换行顺平快速路，在平谷官庄路口左转可到 📞 010-61973099

行宫民俗村位于刘家店镇北侧，因为曾经是康熙、乾隆、道光等三代清朝皇帝驻跸的行宫而得名。虽然行宫建筑早已在民国时期被拆毁，仅存一些残垣断壁和苍松翠柏，但是人们依然能从中看出一丝往日的尊贵繁华，感叹历史的变迁。如今这里也建起了民俗村，游人可以在这里体验当地的传统生活，品尝各种传统小吃，体验一下农村生活的乐趣。

16 丫髻山风景区
自古以来的洞天福地
★★★★★ 赏

📧北京市平谷区北吉山村 🚌乘918快1路公共汽车到官庄路,换乘平19路可达,自驾走机场高速公路换行顺平快速路,在平谷官庄路口左转可到 📞010-61972535 💴40元

丫髻山位于平谷刘家店乡境内,这座海拔363米的山因为山顶上两块状似古代丫鬟头上的发髻的巨石而得名。这里自古以来就被人们认为是仙山福地,从唐代起山上就建起了碧霞元君祠,四时香火不绝,是京畿地区最著名的道观之一。每年这里都会举行盛大的庙会,是华北地区四大庙会之一。此外这座山山峰高耸,林木茂密,多有鸟兽,也是一处充满活力的旅游胜地。

17 挂甲峪民俗村
探访18亿年前形成的火山口
★★★★ 玩

📧北京市平谷区大华山镇东北部 🚌乘852、918路公共汽车在平谷汽车站下,换乘平25、平39路公共汽车在挂甲峪站下车即达,自驾走机场高速公路换行顺平快速路,在平谷官庄路口左转可到 📞010-61946838

挂甲峪民俗村位于风景宜人的老象峰与热闹的丫髻山之间,这里主要以农家乐、生态木屋、各类主题民俗院为主。此外在村内还保存有18亿年前形成的火山口,红褐色的土地和周围绿意盎然的植被形成鲜明的对比,成为当地最著名的景观。村里还建有民俗大舞台,每到重要节日这里都会举行盛大的唱大戏和花会等活动,吸引了不少游客慕名而来。

18 渔阳国际滑雪场

北京地区最好的滑雪场之一

★★★★ 玩

✉ 北京市平谷区东高村镇大旺务村东 乘乘
852、918路公共汽车在平谷县城下,换乘
平48路公共汽车到渔阳国际滑雪场站下车即
达,自驾走京顺路在枯柳树环岛右转至平谷
方向,在平谷城关换行去三河方向的公路可
到 ☎ 010-58693355

渔阳国际滑雪场位于平谷南部,是
北京地区设施最先进、规模最大的滑雪
场。在这里除了有适合从初学者到滑雪
高手的各种雪道外,还有惊险刺激的高
山摩托、老少咸宜的雪上飞碟、时尚有
趣的滑草运动和独具风情的狗拉雪橇等项目,如果玩累了还能去温泉泡个澡,或是体验一下冰上垂
钓的感觉,活动之丰富让人欲罢不能。

北京郊游攻略

《全球攻略》编写组

执行主编：兰 亭　苏 林

编写组成员：

陈 永	陈 宇	崇 福	褚一民
付国丰	付 佳	付 捷	管 航
贵 珍	郭新光	郭 政	韩 成
韩栋栋	江业华	金 晔	孔 莉
李春宏	李红东	李 濛	李志勇
廖一静	林婷婷	林雪静	刘博文
刘 成	刘 冬	刘桂芳	刘 华
刘 军	刘小凤	刘晓馨	刘 艳
刘 洋	刘照英	吕 示	苗雪鹏
闵睿桢	潘 瑞	彭雨雁	戚雨婷
若 水	石雪冉	宋 清	宋 鑫
苏 林	谭临庄	佟 玲	王恒丽
王 诺	王 武	王晓平	王 勇
王宇坤	王 玥	王铮铮	魏 强
吴昌晖	吴昌宇	武 宁	肖克冉
谢 辉	谢 群	谢 蓉	谢震泽
谢仲文	徐 聪	许 睿	杨 武
姚婷婷	于小慧	喻 鹏	翟丽梅
张爱琼	张春辉	张丽媛	赵海菊
赵 婧	朱芳莉	朱国樑	朱俊杰

LOOK京郊!

颐和园
四大名园之一

香山公园
享誉世界的香山红叶

北京植物园
多功能综合性植物园

圆明园遗址公园
我国近代历史的见证

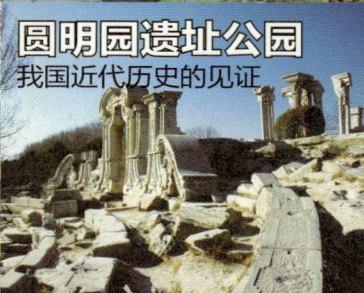

潭柘寺
位于京郊的古老寺庙

八大处
八座古寺齐聚之处

爨底下村
历史文化名村

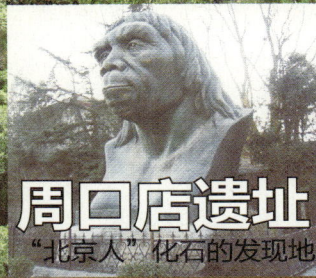

周口店遗址
"北京人"化石的发现地

十渡风景区
北方唯一的喀斯特地貌景区

LOOK京郊!

八达岭长城
万里长城中最精华的一段

卢沟桥
见证历史的千古名桥

银山塔林
罕见的辽代塔林

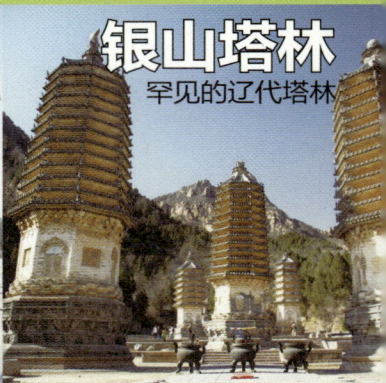

古崖居
规模最大的古代洞窟聚落遗址

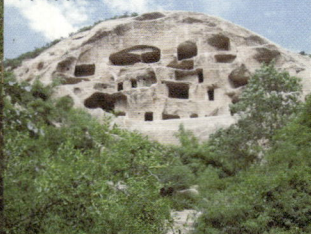

灵山自然风景区
北京最高峰

明十三陵
我国最大帝王陵景区

龙庆峡
"塞外小漓江"

达岭国家森林公园
接触自然呼吸新鲜空气

康西草原
一望无际的广阔草原

居庸关长城
威震天下的雄关

LOOK京郊!

司马台长城
气势雄伟的长城

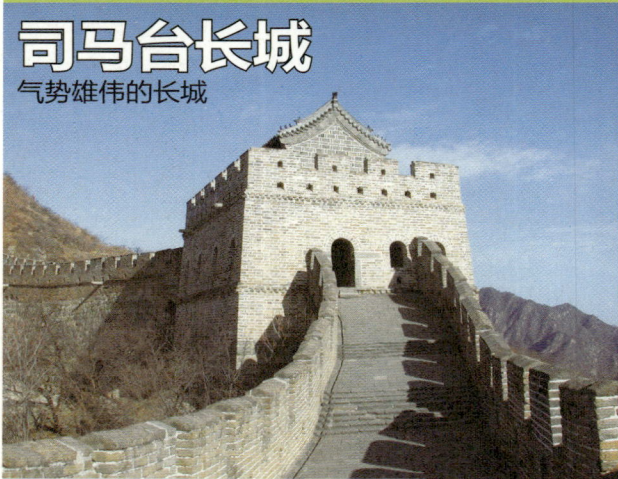

红螺寺
松林藏古寺的美妙画卷

金海湖
北京最大的水上娱乐场所

京东大芦荡风景区
"京郊小白洋淀"

凤凰岭
京西小黄山

慕田峪长城
"万里长城慕田峪独秀"

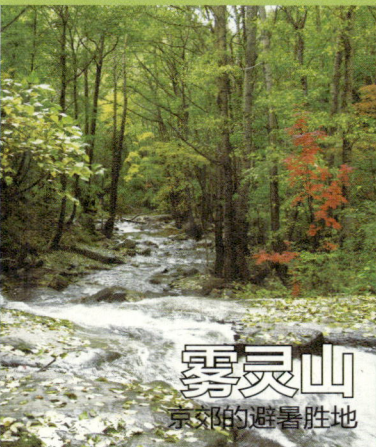

雾灵山
京郊的避暑胜地

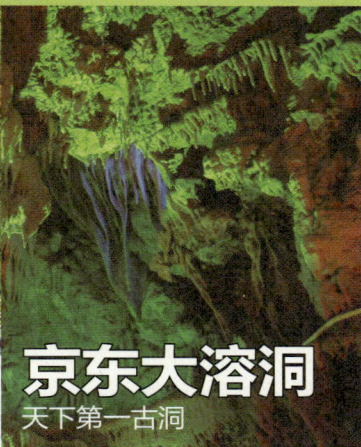

京东大溶洞
天下第一古洞

云蒙山国家森林公园
大名鼎鼎的"北方黄山"

雁栖湖
成群大雁栖息的湖泊

责任编辑：王　颖
装帧设计：城市地标
责任印制：闫立中

图书在版编目（CIP）数据

北京郊游攻略 ／《全球攻略》编写组编著. —— 北京：
中国旅游出版社，2012.6
（全球攻略）
ISBN 978－7－5032－4442－1

Ⅰ．①北… Ⅱ．①全… Ⅲ．①旅游指南－北京市
Ⅳ．①K928.91

中国版本图书馆CIP数据核字(2012)第101546号

书　　名：北京郊游攻略

编　　著：《全球攻略》编写组
出版发行：中国旅游出版社
　　　　　（北京建国门内大街甲9号 邮编：100005）
　　　　　http：//www.cttp.net.cn E-mail：cttp@cnta.gov.cn
　　　　　营销中心电话：010－85166503
经　　销：全国各地新华书店
印　　刷：北京金吉士印刷有限责任公司
版　　次：2012年6月第1版　2012年6月第1次印刷
开　　本：787毫米×1092毫米　1/16
印　　张：13.5
印　　数：1－8000册
字　　数：250千
定　　价：39.8元

ISBN 978－7－5032－4442－1